一遍

日本人のこころの言葉

今井雅晴 著

創元社

はじめに

一遍は鎌倉時代に活躍した僧で、踊り念仏を始めた人物として知られています。その踊り念仏は一遍の行く先々で人気を博しました。その後の社会でも受け継がれ、安土桃山時代には出雲《いずも》の阿国《おくに》が念仏踊りを編み出し、これまた人気を得ました。現代の盆踊りは、この念仏踊りの系譜を引いているといわれます。

他方、一遍は捨聖《すてひじり》として有名でした。衣食住や家族を捨て、すべてを捨てて念仏のみに生きた、というのです。しかも「貴い捨聖」と呼ばれ、行く先々で尊敬の目でみられました。また、すべてを捨てる生き方をして住まいもなかった一遍は、遊行《ゆぎょう》の聖《ひじり》とも呼ばれました。遊行というのは、各地をめぐり歩いて修行しながら教えを伝える行ないのことです。しかし社会に受け入れられるまでには、出家してから三十年以上の苦労がありました。そして一遍は五十一歳のときに旅の空で亡くなりました。

一遍は、延応元年(一二三九)、伊予国道後《いよのくにどうご》(愛媛県松山市)の没落豪族の家に生まれました。父は一遍を十歳で出家させます。その後、一遍は俗生活も体験し、紆余曲折を経て捨聖として生きるようになったのです。そして亡くなったのは正応二年（一二八九）、摂津国《せっつのくに》兵庫《ひょうご》観音堂《かんのんどう》（兵庫県神戸市）においてでした。

この間、一遍はなぜすべてを捨てて生きることに人生の目的を見出したのでしょうか。また一遍の踊り念仏が人気を博すようになったのはなぜでしょうか。おりしも大陸からモンゴルが二度にわたって来襲するという、社会的不安の時代でもあったので、そのことの影響があったと考えられます。

現代の私たちからすると意外なことながら、一遍の時代には「捨てる」こころがとても尊重されていました。この時代は人々の争いが特に激しく、人々は逆にその争いのもとになる執着心などを捨てて、穏やかに生きられないものかと悩むことが多かったからです。でも実際の社会では貴族同士が足を引っ張りあったり、武士が領地を奪い合ったり、また僧たちも武力で自分たちの意向を通そうとするのが日常でした。平安時代末期から鎌倉時代という社会的変動の時代であったので、人々のこころは落ち着かなかったのでしょう。全国的な大飢饉があったからとはいえ、日本で初めて人身売買が幕府から公認されたのは一遍誕生の数年前でした。

また一方、一遍が活躍した時代は産業や商業が盛んになった時代でした。それまでほとんど使われなかった銭が流通し始めました。物々交換が主だった時代から、お金で売る・買うという時代に入ったのです。

このような時代にむき出しになるのは人の欲望でした。それは人のこころを惑わしました。他の人を騙したり、陥れたりしなければ前へ進めないこともあります。むろん、そのような欲望むき出しはよくない、と多くの人が思ったでしょう。そのような欲望は捨てるべきだ、そうしなければ自分も周囲の人も不幸になると思ったはずです。でも、欲望はなかなか捨て切れるものではありません。だからこそ、俗世間の欲望を捨て、出家となって修行に励む僧は尊敬されたのです。

その僧より一段先をめざして進んでいたのが捨聖《すてひじり》一遍でした。一遍は「捨てる」ことがいかに宗教的に優れているか、わかりやすく説き、身をもって実践しました。

一遍は「捨てる、捨てる」と言い続けました。にもかかわらず、捨聖をめざして家を出たとき、一遍は妻と娘を伴っていたのです。これは何としたことか。しかし、やがて妻子を振り捨てます。実のところ、一遍のこころは「捨てる」という鉄壁の城砦で守られていたわけではありません。人間としての優しさ、弱さ、そして悩みを持っていたのです。

一遍が到達した最終的な境地は、

おもうこと　みなつきはてぬ　うしとみし
　よをばさながら　秋のはつかぜ

という和歌などで表現されています。

一遍は何を考えて生きたのでしょうか。人生をどのように乗り切ったのでしょうか。「捨てる」ことを思い続けた一遍の思想、そしてその根底にゆるがぬ阿弥陀信仰を抱いた一遍の生き方を、見ていきたいと思います。

飽食の時代であり、物資が有り余りつつも、こころの病に悩む現代人。「自分は孤独」でいいと思いながら、実はネット等とのつながりが断ち切れなくて手ひどくこころが傷つく現代人。この現代に一遍の「捨てる」思想と生き方は多くの示唆を与えるのではないでしょうか。その期待を込めて本書を世に出したいと思います。

日本人のこころの言葉

一遍

目次

言葉編

Ⅰ　念仏と往生

Ⅲ 一遍とこころ

生涯編

装　丁　上野かおる
編集協力　株式会社唐草書房

言葉編

＊原文は、引用にあたって、原則として新字体・現代かなづかいに改め、読みやすくするために、ふりがなや句読点を付けました。また、現在一般につかわれていない漢字はひらがなにするなどの調整をしました。

I

念仏と往生

❶ 極楽往生するために

南無阿弥陀仏《なむあみだぶつ》
決定往生《けつじょうおうじょう》
六十万人《ろくじゅうまんにん》

【現代語訳】南無阿弥陀仏と称えれば、「六十万人の頌《じゅ》」という詩で示したように、あなたの極楽往生は確実なものになるのです。

（『一遍聖絵《いっぺんひじりえ》』第三巻第一段）

一遍は鎌倉時代の念仏僧です。彼は布教に熱心で、会う人ごとに小さな紙の念仏札《ねんぶつふだ》を配りました。これを「賦算《ふさん》」といいました。その念仏札は刷物《すりもの》で、上部には大きく「南無阿弥陀仏」とあり、その下に小さく「決定往生」「六十万人」と二行に分けて記されていました。この文の意味について、一遍は門弟の聖戒《しょうかい》に書き送っています。それは文永十一年（一二七四）夏のことで、一遍は三十六歳でした。

伊予国《いよのくに》（愛媛県）の武士の家に生まれた一遍は、少年の日に出家して九州で念仏を学びました。還俗して家庭生活を送り、さまざまな悩みの果てに再出家し、紀伊国《きいのくに》（和歌山県）の熊野本宮《くまのほんぐう》に参詣したとき、「決定往生　六十万人」の心境に至りました。

「六十万人」という言葉は一遍が作った「六十万人《ろくじゅうまんにん》の頌《じゅ》」に基づいています。「頌」というのは、仏の功徳をほめつつ教理を説く漢詩です。「六十万人の頌」は、つぎの四句から成り、それぞれの句の頭文字を集めると「六・十・万・人」となります。

「六十万人」は実際の数ではありません。

六字名号一遍法《ろくじみょうごういっぺんほう》　十界依正一遍体《じっかいえしょういっぺんたい》　万行離念一遍証《まんぎょうりねんいっぺんしょう》　人中上々妙好華《にんちゅうじょうじょうみょうこうげ》

（六字名号《ろくじみょうごう》は世界中に行き渡っています。仏の住む仏界から地獄界まで十の世界はさまざまですが、実は同じなのです。迷いの世界から離れるには、何万種類もある修行をしてもかいがなく、ただ一つ、名号を称えればいいのです。名号を称える人はすばらしい人で、泥沼に咲く蓮の花のような存在です。）

この「六十万人の頌」の精神を大事なものとしました。そして、「南無阿弥陀仏」と称える人は極楽往生が確定する、と一遍は説きます。

仏教は紀元前五世紀のインドで釈迦が始めました。最初のころの仏教を初期仏教または原始仏教といいます。そこではこの世の中を苦しみの世界と考えました。そして、どうすればその苦しみを乗りこえられるか、苦しみに出会っても平然としていられるかを追い求め、そのようなこころができあがったとき、それを「さとり」といったのです。

さとりとはどのような状態をいうのか、さとりを得たら不安なこころに戻ることはないのか、自分にはさとりを得る能力はあるのか、といったさまざまな疑問や悩みがありました。そのような長い混迷の状況を経て、やがてさとりを得た存在である仏（如来）に救いを求める風潮が広まりました。

日本では平安時代の半ばごろから特に阿弥陀仏の救いが注目されるようになりました。阿弥陀仏は真西《まにし》、太陽が輝きながら沈む海のかなたに極楽浄土を持っていて、すべての人々を救うと信じられていたのです。

『無量寿経《むりょうじゅきょう》』という経典によれば、もと法蔵菩薩《ほうぞうぼさつ》という名前であった阿弥陀仏は、さとりをめざして修行中、すべての人々を救いたいという強い願いを持ちました。そして救いを望む人々に対し、彼らが救われるための四十八種類もの方法を示したのです。その第十八番目にあるのが、「念仏往生《ねんぶつおうじょう》の願《がん》」と呼ばれるもので、そこには阿弥陀仏のつぎのような強い誓いの気持が込められています。

「すべての人々がこころから私を信じて『南無阿弥陀仏』と称えたにもかかわらず、もし一人でも私の極楽浄土に往生できなければ、私はさとりを得なくてもかまいません。私は一人も漏らすことなく、すべての人々を救いたいのです。」

願いがかない、法蔵菩薩はさとりを得て阿弥陀仏になれました。つまり、第十八願が成ったということです。「南無阿弥陀仏」と称えれば必ず救われる――これが第十八願による救いです。

❷ いま称える念仏で救われる

六字《ろくじ》の中《うち》、本生死《もとしょうじ》なし、一声《いっしょう》の間《かん》、即ち無生《むしょう》を証《さと》る。

（『一遍聖絵』第三巻第二段）

【現代語訳】 六字《ろくじ》名号《みょうごう》の中にこそ、本来の救いの世界があります。一声《ひとこえ》、「南無阿弥陀仏」と称えるわずかの瞬間に、すぐさま救いの世界が現われます。

この詩は、漢詩を読み下しにしたもので、「六字無生の頌《ろくじむしょうのじゅ》」と呼ばれています。前項で述べた「六十万人の頌《ろくじゅうまんにんのじゅ》」と同じく、一遍の思想をよく示しています。

「無生《むしょう》」というのは「無生死《むしょうじ》」の略です。「生死」は生と死のある世界、すなわち救われない世界を意味します。そして「無生死」とは生と死のない世界、つまり救われた世界のことです。六字名号つまりは「南無阿弥陀仏」を一声《ひとこえ》称えれば、救いの世界のあることが間違いなくわかります。一遍はそのように説いています。

一遍が活動した時代は、天候不順による大飢饉が何度も起こり、大地震もひんぱんに起きました。人々の生活は困難なことが多く、不安が渦巻いていました。またモンゴル襲来の不安におびえる雰囲気もありました。このような時代なので、阿弥陀仏が無条件に救ってくださるというのは人々にとって魅力的でした。しかも、難しいことはいらない、念仏を称えるだけでいいというのです。これには多くの人々が惹かれました。

阿弥陀仏の前身である法蔵菩薩は、「すべての人々を救おう、たった一人でも救われなかったら、私は自分が目指している仏（如来）になれなくてもいい」という願い

（本願、誓願）を立てたといいます。そしてその願いが成就して阿弥陀仏になれました。ということは、すべての人は阿弥陀仏によって救われるということなのです。人々がいま「南無阿弥陀仏」と一声称えれば、自分も他の人たちも、そして阿弥陀仏（実は法蔵菩薩）も救われるのだ、ということです。もともと、阿弥陀仏の救いは過去・現在・未来すべての人々に及ぶとされるのが普通でした。一遍は、それを、ただいま現在の「南無阿弥陀仏」という一声によって成ると強調したのです。

つまり、「南無阿弥陀仏」の名号は阿弥陀仏に由来するにしても、その名号にこそ救済の不可思議な絶対力があるというのです。しかもそれは、「南無阿弥陀仏」と声に出して称えてこそ効力を発揮します。一遍の生きた鎌倉時代は、声の神秘的な力が強調された時代でした。

鎌倉時代の説話集である『撰集抄《せんじゅうしょう》』や『十訓抄《じっきんしょう》』に、性空《しょうくう》という人の話があります。彼は熱心な『法華経《ほけきょう》』の修行者でした。『法華経』には、普賢菩薩《ふげんぼさつ》がその修行者を守ってくれるとあります。性空は一度でいいから普賢菩薩を目のあたりに拝みたいと思ったそうです。すると仏の使いである天童が、「それなら室の遊女を拝みなさい」とお告げをくれました。室というのは大阪港付近の港町です。

そこで性空が室の遊女に会うと、彼女は美しい声で今様《いまよう》（当時の流行歌）を歌い始めました。性空が目を閉じ、こころを鎮めて聞いていると、普賢菩薩の姿が浮かび上がってきたではありませんか。説教の声も聞こえてきました。はっと目をあけると今様を歌う遊女、目を閉じると普賢菩薩。遊女はまさに普賢菩薩そのものでした。

日本には古代から言霊信仰《ことだましんこう》というものがありました。口をついて出る声に神秘的な霊力を認める考え方です。そして特に平安時代中期以来、「南無阿弥陀仏」と声に出して阿弥陀仏に救いを求める念仏も尊重されるようになりました。これには、各種の修行をしようとしてもできない民衆の社会的勢力が大きくなり、その宗教的要求が強くなってきたという背景があります。念仏ならば学問・財産など何もなくても称えられるからです。この傾向は鎌倉時代に入ってさらに強くなりました。

念仏を重視する一遍の思想は、まさに鎌倉時代のこの社会的不安と「声」を重視する風潮を背景にした特色であるということができるでしょう。

❸ 信じる信じないは関係ない

ただかかる不思議の名号《みょうごう》を聞得《ききえ》たるを悦《よろこ》びとして、南無阿弥陀仏《なむあみだぶつ》と唱《とな》えて、息絶《た》え命終《いのちおわ》らん時、聖聚《しょうじゅ》の来迎《らいごう》に預かる。

【現代語訳】 このような不可思議な力のある名号があることを聞き知ったことをのみ喜んで、「南無阿弥陀仏」と称えて息を引き取ったときに、必ず阿弥陀仏や菩薩たちが迎えに来てくださいます。

（『遊《ゆ》行《ぎょう》上人《しょうにん》縁起《えんぎ》絵《え》』第三巻第三段）

頭弁《とうのべん》という役職についている貴族に送った手紙の一部です。頭弁は、天皇の秘書長である蔵人頭《くろうどのとう》と、朝廷の事務官を指揮監督する職を兼ねた役職のことで、中級の貴族が就任します。朝廷運営の実力者であったといえます。その人が「念仏の安心《あんじん》」について、一遍に質問してきたのです。

取り上げた言葉の前に、「この汚れた世界を捨てて極楽へ往生したいと希望する者は、自分に信があるかないか、浄《きよ》い身体かどうか、罪があるかないかなどは問題にしないのです」とありますから、その人は貴族の伝統的な信仰を受け継ぎ、「厭離穢土《おんりえど》、欣求浄土《ごんぐじょうど》」という信仰を信じていた人でしょう。

これは平安時代の源信《げんしん》が著わした『往生要集《おうじょうようしゅう》』以来の強烈な信仰です。『往生要集』では、まず、地獄の恐ろしさを繰り返し説明します。つぎに極楽浄土のすばらしさを、これまた繰り返して述べていくのです。源信は人間の心理をよく把握していました。人はこの世の汚れにまみれて生活していると、どうしても欲望に従って生きることになり、必ず罪を重ねてしまいます。罪が少しでも残っていれば往生できません。地獄に堕ち、その世界で苦しまなければならないのです。

仏教では「因果《いんが》」を説きます。原因があれば必ず結果があるといいます。この世で汚く生きていれば、必ずつぎの世でひどい世界に堕ちて苦しむ、という流れになるのです。その流れを断ち切るのは念仏しかない。この考えは平安時代から広まりました。「念仏は罪を消してくれる」と考えられていたのです。一回念仏を称えるだけでも、いままで行なってきたすべての罪を消してくれる。でもつぎの一瞬一瞬にまた罪を重ねているかもしれない。だから念仏は絶え間なく称え続けなければいけないのです。つまり、努力が必要でした。

しかし一遍は、従来とは異なる念仏を説きました。「南無阿弥陀仏」と称えた瞬間に、救いの世界が確実になるのです。それは人の努力によるのではなく、名号の力によってそうなるのです。ですから、人の「信《しん》・不信《ふしん》、浄《じょう》・不浄《ふじょう》、有罪《うざい》・無罪《むざい》」は問題にならないとも説いています。

一遍は念仏の布教方法に悩んで熊野本宮《くまのほんぐう》に参籠したことがありました。それは「ありがたい念仏を信じて受け取ってください」と配っていた札の受け取りを断る人がいたからです。その際にはどうしたらよいのか悩んだのです。

すると、やがて現われた熊野権現《くまのごんげん》は、「一遍よ、そなたはどうして念仏札《ねんぶつふだ》をよくない方法で配っているのだ」ととがめます。「信じるとか、信じないとかそのような問題ではないのだ」と言い、「相手が信じようが信じまいが、また相手が浄であろうが不浄であろうが、そんなことは問題なしに札を配りなさい」と教えました。

実は一遍は「信・不信」のことだけ尋ねていました。それなのになぜ「浄・不浄」が出てきたのか。これは、日本古来の神々から恵みを受けたいと望むときには心身を浄めなければならなかったことに大いに関係があります。一遍は熊野本宮に参籠して念仏の深い境地に達しています。そのために、神道《しんとう》の聖域の雰囲気を強く感じ、「浄・不浄」を自身の信仰に取り入れたのでしょう。

最後の「有罪・無罪」は、やはり多くの人びとの不安に答えたというべきでしょう。罪があってもなくても問題はない、これから作るかもしれない罪も問題ないとはっきり宣言しているのです。

「ありがたい名号があることを知ったことを喜び念仏を称えれば、間違いなく極楽へ往生できますよ」と、一遍は人々を安心《あんしん》させています。それが「念仏の安心《あんじん》」です。

❹ 救いの世界は確かに存在する

十劫《じっこう》に正覚《しょうがく》す衆生界《しゅじょうかい》、一念《いちねん》に往生《おうじょう》す弥陀《みだ》の国《くに》。十《じゅう》と一《いち》とは不二《ふに》にして無生《むしょう》を証《しょう》し、国と界とは平等にして大会《だいえ》に坐《ざ》す。

【現代語訳】 阿弥陀仏が十劫《じっこう》の昔に正しいさとりを得たのは、衆生の世界を助けようと願った結果です。私たちは、いま、ただ一回念仏を称えるだけで阿弥陀仏の国である極楽浄土に往生できます。十劫の昔のさとりと私たちの一回の念仏での往生が同時ということ（十一不二《じゅういちふに》）は、救いの世界があることを証明しています。極楽とこの世とは同じことで、どこにいても阿弥陀仏の教えに浴することができます。

（『一遍聖絵』第一巻第四段）

この詩は一遍が信濃国長野の善光寺《ぜんこうじ》に参籠して得た心境を示したもので、「十一《じゅういち》不二《ふに》の頌《じゅ》」と呼ばれています。「頌」というのは仏の功徳をほめて教えを説く漢詩です。文永八年（一二七一）、一遍三十三歳、再出家してまもなくの時です。

善光寺の本尊の如来は、三国伝来《さんごくでんらい》の生身《しょうじん》の阿弥陀仏《あみだぶつ》とされていました。善光寺如来は昔も今も秘仏ですので、実際に拝むことはできません。でも一遍が幾夜も熱心に参籠して教えをくださるようにと祈っていると、夢のうちでかうつつでか、如来を目のあたりに拝むことができた、と『一遍聖絵《いっぺんひじりえ》』は伝えます。

「十一不二の頌」はそのときに得た境地を表現したもので、一遍が最初に得た深い宗教的境地でした。文中の「劫《こう》」というのは、きわめて長い時間の単位です。その十倍もの長い過去の昔と、念仏を称える現在とが同一の時間として捉えられるのは、仏教の独特の考え方です。

一遍は十代から二十代にかけて十年余り、浄土宗の西山義《せいざんぎ》を学びました。西山義は法然の有力門弟である証空《しょうくう》の思想です。「十一不二」という思想は証空が開きましたが、一遍がここでその言葉を使っているのは、一遍のこころには、長い還俗生活を挟みつつも、西山義が依然として大きな位置を占めていたことを示しています。

また一遍は善光寺で「二河白道図《にがびゃくどうず》」を見て感銘を受けました。これはつぎのような比喩を絵で表わしたものです。

悩み、救いを求める念仏の行者が、人間の煩悩の一つであるむさぼる心（貪愛《とんあい》）をたとえる水の河と、同じく煩悩である怒り憎む心（瞋恚《しんに》）をたとえる火の河の、その中間にある細い白い道をこちら（東岸）から向こう（西岸）に渡ろうとしています。白い道はすなおに浄土往生を求めるこころを表わしています。東岸はこの世です。西岸は浄土です。白道を進む行者に、右からは水の河の大波が、左からは火の河の大波が襲いかかります。このとき、釈迦如来が東岸に立ってその人を浄土に送り出そうとします。西岸には阿弥陀仏が立って迎え入れようとしています。いずれも二河の大波にひるむ人を励まし、細い白道を歩き続けさせようとします。

この比喩は中国唐代の善導《ぜんどう》がその著書『観無量寿経疏《かんむりょうじゅきょうしょ》』の中で述べたものです。善導は称名念仏を重視する中国浄土教の大成者といわれています。彼はこの書物の中で、それまで極楽往生のための方法として重要だとされていた観想念仏《かんそうねんぶつ》に対し、称《しょう》名念仏《みょうねんぶつ》も観想念仏と同じくらい価値のある重要な方法であると述べました。

観想念仏とは、目を開いていても閉じていても、同じように阿弥陀仏と極楽浄土のありさまを見ることです。なかなかできることではありません。一方、それまで称名念仏は、口で「南無阿弥陀仏」と称えるだけのだれにでもできる簡単な行《ぎょう》で、大した価値はないとされていました。

四十三歳のときにこの書を読んだ法然は、たちまち善導に傾倒し、貧しく、学問のない無数の人々を救うのはこの称名念仏しかないと考えました。

以後、法然は「偏《ひとえ》に善導に依《よ》る（善導だけが私の師匠です）」と、称名念仏の布教に努めました。その門弟が証空で、さらに証空の孫弟子が一遍という系譜になります。

一遍は法然以来の教えの中で、善光寺に掛かっていた二河白道の図を手本に、自分もその絵を描いたようです。自分を励ますためだったのでしょう。

❺ 貴族や武士が信じた教え

南無阿弥陀仏《なむあみだぶつ》と一度正直に帰命《きみょう》せし一念《いちねん》の後は、我《われ》も我にあらず。故に心も阿弥陀仏の御心《おんこころ》、身の振舞《ふるまい》も阿弥陀仏の御振舞、ことばもあみだ仏の御言《おんことば》なれば、生《い》きたる命《いのち》も阿弥陀仏の御命《おんいのち》なり。

【現代語訳】 ひとたび素直に名号《みょうごう》に帰依して念仏を称えたならば、私は以前の私ではなくなります。したがって、こころも阿弥陀仏のこころになり、行動も阿弥陀仏の行動となり、言葉も阿弥陀仏の言葉となるので、私のこの命も阿弥陀仏の命であるのです。

（『一遍上人語録《いっぺんしょうにんごろく》』上巻）

本項は、天皇の中宮であった女性からの質問に対して答えたものです。苦労や悩みの多い世の中を、いかに穏やかな気持で過ごしていったらよいか、ということを説いています。

私たちは法然《ほうねん》（浄土宗）や親鸞《しんらん》（浄土真宗）、一遍《いっぺん》（時宗）の信者というと、すぐ、庶民と思いがちです。でも、そうではありません。史料を見ると、貴族や武士たちがとても多いのです。

たとえば、法然がもっとも親しくしたのは関白の九条兼実《くじょうかねざね》です。彼は平安時代末期から鎌倉時代初めにかけて、後白河法皇や平清盛、また源頼朝らとの政治的な争いを乗りこえ、貴族の頂点に昇りつめた人です。一方ではあつい念仏信仰を持っていました。法然が兼実のたっての依頼で執筆したのが『選択本願念仏集《せんちゃくほんがんねんぶつしゅう》』です。これは、念仏を称えることで救われると説いた浄土宗の根本聖典ですが、兼実という大権力者がいなければこの世になかったものです。

兼実の妻の藤原兼子《ふじわらのかねこ》も、その娘で後鳥羽天皇の中宮であった任子《とうこ》も熱心に法然に帰依していました。鎌倉の北条政子《ほうじょうまさこ》も、法然の指導を受けたことが知られています。

親鸞の主な門弟は農民と思われてきました。しかし、そうではありません。親鸞の門弟を一覧表にした「親鸞聖人門侶交名牒《しんらんしょうにんもんりょきょうみょうちょう》」に記されている直弟子たちは皆、武士です。

法然や親鸞の念仏の歴史的意義は、庶民だけの信仰を生み出したのではなく、貴族であろうが庶民であろうがだれにでも開かれた信仰を提示したところにあるのです。

一遍に教えを求めた人たちについても同様です。

本項は一遍の手紙で、『一遍上人語録』には、「西園寺殿《さいおんじどの》の妹さんで准后《じゅごう》の法名《ほうみょう》を、一遍が一阿弥陀仏《いちあみだぶつ》と付けてあげたことについて、妹さんからその法名の意味について質問がありました。その返事です」と説明がついています。

「西園寺殿の御妹の准后」とは、太政大臣西園寺《さいおんじ》（藤原）公相《きんすけ》の娘（西園寺実兼の妹）で、名は嬉子《きし》、亀山《かめやま》天皇の中宮です。建長四年（一二五二）の生まれで六十七歳で亡くなりました。

嬉子は天皇の中宮という、当時の貴族たちからうらやまれる身分でありながら、夫の亀山天皇と睦まじくなかったようです。子どもを産むこともなく、弘安六年（一二八三）に三十二歳で出家しました。亀山天皇が上皇として院政を行なっている途中で離婚してしまったということです。さびしく苦しい生活だったのです。

一遍が京都に入り、都の人々に大変もてはやされたのは弘安七年のことですから、西園寺嬉子が出家した翌年です。嬉子は念仏でにわかに有名になった一遍に、何度か教えを乞うたのでしょう。

それに対し、一遍は、「南無阿弥陀仏と素直な気持で一回念仏を称えれば、あなたの人生は変わりますよ」と教えたのです。「念仏を称えればあなたはもう、あなたであってあなたではなくなります。こころは阿弥陀仏のこころと一つになり、身の行ないも阿弥陀仏の行ないと一つになり、話す言葉も阿弥陀仏の言葉と一つになるのです。ですから、あなたはこれから阿弥陀仏の命を生きることになるのです。もう来世に阿弥陀仏の極楽へ往生できることは間違いないので、あなたの人生を苦しく思う必要はありません。穏やかに生きてください」と言って聞かせました。

一遍はこのような思いを込め、救いを示す「一」と「阿弥陀仏」とを合わせて「一阿弥陀仏」という法名を嬉子に贈ったのです。

❻ 迷いの世界を脱したい

他力《たりき》の称名《しょうみょう》は不思議の一行《いちぎょう》なり。弥陀超世《みだちょうせ》の本願《ほんがん》、凡夫出離《ぼんぶしゅつり》の要道《ようどう》也。身をわすれて信楽《しんぎょう》し、声にまかせて唱《とな》うべし。

【現代語訳】　阿弥陀仏から与えられた念仏は、考えられないほどの救いの力があります。これは阿弥陀仏がずっと昔に誓われた願いに基づいていて、私たちが極楽往生できる重要な道です。自力は忘れて、信じ救われることを願い、声の限りに念仏を称えましょう。

（『遊行上人縁起絵』第三巻第一段）

一遍は布教を始めても、なかなか大きな成果をあげることができませんでした。しかし弘安五年（一二八二）、鎌倉の入り口で幕府の執権北条時宗《ほうじょうときむね》の一行と出会い、布教をとがめられながらも、念仏を広めることに死をも恐れぬ意欲を示したことによって、にわかに人気が盛り上がりました。

本項の文は、『遊行上人縁起絵《ゆぎょうしょうにんえんぎえ》』に載っています。鎌倉を出発した一遍が、東海道を尾張国《おわりのくに》から近江国《おうみのくに》へ進んでいる場面です。このとき以降、一遍に指導を求める武士や貴族、僧が増えたようです。

『遊行上人縁起絵』というのは一遍についての伝記絵巻です。鎌倉時代末期の十四世紀初頭に制作されました。原本は失われ、写本でしか伝えられていませんが、一遍研究では『一遍聖絵《いっぺんひじりえ》』と並ぶ価値が認められています。ただし全十巻のうち、一遍の伝記は前四巻で、後六巻は一遍の門弟である他阿弥陀仏真教《たあみだぶつしんきょう》の伝記です。

この文も、一遍の指導を求める声または手紙に応えたものです。質問をしてきた人は「ある人」とあるだけですが、むろん農民や身分の低い武士などではあり得ません。彼らは文字の読み書きを習っていませんから、一遍の手紙を読み、理解できる教養は身につけていないのです。

この手紙の最初には、「今年も春が過ぎ、秋が来ました。でもなかなか前に進めないのは極楽往生への道です。美しい花が散っていくのは残念だなと思ったり、月を見て雰囲気を楽しんでいたりすると、往生のためには捨てなければいけないと教えられた執着心が、つい湧き出てしまうのです。その結果、次の世でもまた迷いの世界に生まれてしまうことになります」という文があります。

出離《しゅつり》とは、「迷いの世界を出る、離れる」という意味です。

迷いの世界はつぎの六つの世界です。それは天道《てんどう》・人道《にんどう》・修羅道《しゅらどう》・餓鬼道《がきどう》・畜生《ちくしょう》道《どう》・地獄道《じごくどう》です。修羅道は他人と争った罪で堕ちる世界、餓鬼道は他人の食物を盗み食いした罪で堕ちる世界です。天道はよい環境の中で天人が楽しく住む世界ですが、天人には五百年という寿命があり、理想的な世界ではありません。これらをすべて離れて、極楽浄土に往生するのが「出離」です。

現代の私たちは、つい、「餓鬼道なんてほんとうにあるのか」「地獄があるなんてだれが証明したんだ」などと思ってしまいます。果ては、「地獄？　おもしろいじゃないか。そこへ行って大暴れしてやる」などと言う人もいます。地獄で楽しく、好きなように大暴れできるなんてあり得ません。先に述べたように、地獄の様子は平安時代の源信《げんしん》が『往生要集《おうじょうようしゅう》』の中で、これでもか、というくらいその怖さを述べています。『地獄草紙《じごくぞうし》』という鎌倉時代に制作された小型の絵巻物があります。地獄の鬼の絵などはいま見ても十分怖いのですが、数百年の年月を経た結果、絵の具の色がかなり褪せてきてしまっています。それをコンピューターを使って元の色に復元すると、これが比較にならないくらい怖いのです。私はデジタル復元された絵巻物を目の前で開いてみて、その怖さを実感しました。

平安時代・鎌倉時代の人たちは、地獄をほんとうに怖がっていたのでしょう。ですから迷いの世界を出たい、離れたいというのは切実な課題だったのです。でも、なかなかうまくいかないという焦りもあったのです。

そのような時代であったから、念仏を称えるだけで極楽往生できる、往生が確定するという一遍の「決定往生《けつじょうおうじょう》　六十万人《ろくじゅうまんにん》」（14頁参照）の思想は、いったん広まり始めるとあっという間に各地で歓迎されたのです。

❼ 信じなくても称えれば往生できる

名号《みょうごう》は、信ずるも信ぜざるも、となうれば他力《たりき》不思議の力にて往生す。

【現代語訳】 名号は信じても信じなくても、称えれば他力の不可思議な力によって極楽往生できるのです。

（『一遍上人語録』下巻二七）

この文には、「飾磨津別時《しかまつべつじ》の結願《けちがん》の仰《おお》せなり」（飾磨津で行なわれた歳末別時念仏会《さいまつべつじねんぶつえ》が満了したときに、一遍が法話をされた内容です）と注がつけられています。

飾磨津とは、現在の兵庫県姫路市飾磨区の姫路港あたりです。人々が大勢集まる、にぎやかな所だったはずです。一遍はそこで歳末別時念仏会を行ないました。これは年末に日数を決めて行なう特別の念仏法要です。その期間は、七日間か三日間ということが多いようです。

このような法要は平安時代からあります。一年間に積み重ねた罪を念仏を数多く称えることによって消し、極楽往生に確信をもち、新しい年を迎えようという気持で催される法要でした。その法要が終了したとき、一遍が記念の法話を述べたということなのです。

一遍は弘安十年（一二八七）春、播磨国《はりまのくに》（兵庫県）の書写山《しょしゃざん》に参詣しています。ここは『法華経』の行者として知られた平安時代の性空《しょうくう》ゆかりの寺です。一遍は性空をとても尊敬していて、一晩参籠して念仏を称えました。あくる朝、春の雪が降っていたそうです。そのとき、つぎのような和歌を詠みました。

よにふれば　やがて消《き》えゆく　淡雪《あわゆき》の
　身にしられたる　春の空かな
（世の中に長くいると、すぐ消えてしまう春の淡雪のように、自分もいなくなるだろうと
思わせる雪が落ちてくる春の空よ。）

一遍は春の雪になぞらえて、自分の身のはかなさを思ったのです。その後、播磨国の各地を布教して回りました。

ところで、一遍の法語を集めた一本に『播州法語集《ばんしゅうほうごしゅう》』があります。一遍の門弟の持阿弥陀仏《じあみだぶつ》という人が、播磨国の弘嶺八幡宮《ひろみねはちまんぐう》で一遍の説く教えを聞き書きしたものです。江戸時代に出版された『播州法語集』の序にそのように書いてあります。弘嶺八幡宮は、兵庫県姫路市にある広峰神社と推定されます。吉備真備《きびのまきび》の創建と伝えられている古い神社です。

『播州法語集』には、鎌倉時代末期から南北朝時代の筆写と推定される写本があります。神奈川県横浜市の金沢文庫《かなざわぶんこ》に所蔵される、通称『金沢文庫本播州法語集』と称されている写本です。また室町時代ころの写本もあります。これは神奈川県藤沢市の

清浄光寺《しょうじょうこうじ》（遊行寺《ゆぎょうじ》）蔵のものです。清浄光寺は現在の時宗《じしゅう》の本山です。時宗は一遍を開祖とする宗派で、現在の傘下の寺院は四百数十か寺ほどです。

「名号は、信じるも信ぜざるも、となうれば他力不思議の力にて往生す」というのは、まさに一遍の信仰を端的に表わした法語です。他力とは阿弥陀仏の慈悲の力のことです。人の力である自力に対応しています。

「南無阿弥陀仏」という名号は、その救済の力を人が信じようが信じまいが極楽往生には無関係であるというのです。なぜなら、人には自分を極楽往生させる力はないからです。「自分が名号の力を信じれば、極楽往生できる。信じなければ往生できない」というのなら、まさに往生は自力によって決まることになります。一遍はそれはおかしいと強調しているのです。

そして、「となうれば」と続きますが、これが肝要です。つまり、「南無阿弥陀仏」の名号は、声に出さなければ効力を発揮しないのです。声に出せば、「南無阿弥陀仏」には阿弥陀仏の不可思議な力が込められているので、極楽往生できるのです。一遍はそのように説いています。

❽ 信心が足りなくても問題はない

決定往生《けつじょうおうじょう》の信たらずとて、人ごとに嘆くは、いわれなき事なり。凡夫《ぼんぶ》のこころには決定《けつじょう》なし。決定は名号《みょうごう》なり。しかれば決定往生の信たらずとも、口にまかせて称《しょう》せば往生すべし。

（『一遍上人語録』下巻二一五）

【現代語訳】「南無阿弥陀仏」と称えれば極楽往生が確実になるという信心が不足している、と皆が嘆くのは根拠がないことです。確実かどうかは私たちのこころで決めることはできません。決めるのは名号なのです。ですから信ずるこころが不足していても、口の動きに従って称えれば極楽往生できるのです。

「南無阿弥陀仏」と称えれば極楽往生が確定する、それは南無阿弥陀仏という六字名号には人を救う力があるからだ、と一遍は言っています。でも、その話はわかるけれどもそれで大丈夫なのかという不安が起きることもあります。この話を信じきれないで、不安でたまらない人もいるのです。「それはほんとうか」とか、「信じていいのか」という不安です。

この不安に対して一遍は、「信ずるこころが足りなくても、それはまったく問題ではない」としています。

南無阿弥陀仏と称えれば救われるというのが専修念仏です。さまざまな修行が成らなければさとりを得られないという教えに比べれば、とても簡単です。だれにでもできるとして、社会の中で大いに受け入れられました。称名念仏で極楽往生をめざすのは易行《いぎょう》と呼ばれました。それ以前の仏教は難行《なんぎょう》と呼ばれました。法然がそのように名づけたのです。

法然在世中のことですが、念仏の教えについて、まずつぎのような質問がきました。「念仏の回数は一回だけで大丈夫ですか。それともたくさん称えたほうがいいですか」と。これに対して法然はなんと答えたでしょうか。「一回称えれば救われると信じて、何回も称えたほうがいいでしょう」と答えました。

法然が門弟の蓮生《れんせい》に宛てた手紙に、つぎのようにあります。

「一日に念仏を三万回、または五万回、または六万回、こころを込めて称えることが極楽往生を確実にする道なのです。一日に六万回など、とてつもない数です。おそらく一日中念仏を称えていることになるでしょう。それなら、不安がこころに入り込む隙もありません。不安が入れば、念仏は易行といっても難行になってしまうのではありませんか。」

この門弟は源氏方の武士熊谷直実《くまがいなおざね》で、『平家物語』によれば、平家方の若き公達平敦盛《たいらのあつもり》を一の谷の戦いで討ち果たし、その悔恨により出家したとされています。やがて法然の門に入り、蓮生と名のったのです。

これに対して法然の門弟の親鸞は、法然の教えを受け継ぎつつも、まず阿弥陀仏の救いを信じることだと、信心を強調しました。親鸞の手紙に、「真実の信心を得たる人は、摂取《せっしゅ》のひかりにおさめられまいらせたり」（ほんとうの信心を得た人は、阿弥陀仏の救いが確定します）とあります。

しかし、信心を得たと安心することもなかなか難しいものでしょう。いったん安心しても、また不安になることもあるでしょう。もっとも、親鸞は他力を強調し、「信心を得るのも自分の働きではなく、阿弥陀仏がそうさせてくださっているのだ」と強調しました。しかし、それでも、そのような境地に達するまでは時間がかかる、信心より念仏、すなわち名号のほうが重要なのではないかと思う人もいたでしょう。一遍が活躍したころに書かれたと推定される『歎異抄《たんにしょう》』に、念仏を称えている人に対して、「お前は信心を大切にしているのか、名号の力を大切にしているのか」と迫る親鸞の門弟がいると記されています。

一遍が強調しているのは、「信心は必要ない」ということなのです。救ってくれるのは「信心」ではなく、「南無阿弥陀仏」なのであると説いています。一遍はそのように説いて人々の不安を解消しようとしました。

名号に救いの絶対力を認めるこの風潮が、鎌倉時代中期から後期の社会に広まりました。

⑨ それぞれの臨終

南無阿弥陀仏《なむあみだぶつ》ととなえて、わが心のなくなるを、臨終正念《りんじゅうしょうねん》という。この時、仏の来迎《らいごう》に預《あず》りて極楽に往生するを、念仏往生《ねんぶつおうじょう》というなり。

【現代語訳】「南無阿弥陀仏」と称えて自分のこころが無になるのを臨終正念といいます。このときに阿弥陀仏がお迎えに来てくださって極楽往生するのを念仏往生というのです。

（『一遍上人語録』上巻）

平安時代後期から鎌倉時代、貴族社会を中心にして極楽往生のための「臨終正念《りんじゅうしょうねん》」ということがたいへん重要視されました。臨終正念というのは、臨終に際してこころ静かに阿弥陀仏の救いとお迎えを信じ、迷いのない境地に入って念仏を称え続けることです。そうすれば必ず極楽に往生できると考えられていました。

臨終のときに苦悩の様相を示し、穏やかな状態でないまま亡くなると、極楽へ迎えとってもらえなかったのではないかと遺族は心配しました。

『平家物語』によれば、平清盛はひどい熱病にかかって数日間苦しんで死んだとあります。臨終正念どころではありません。恐ろしいことに、まだ息を引き取っていないのに、妻の平時子《たいらのときこ》の夢に、地獄の牛頭《ごず》・馬頭《めず》が「猛火おびただしく燃えたる車」を屋敷に引き入れ、「平家太政入道殿（清盛）を迎えに来ました。入道殿は無間地獄《むけんじごく》に堕ちることが閻魔大王《えんまだいおう》の役所で決定しました」と告げたとあります。清盛は東大寺の大仏を焼き払った罪によって地獄に堕ちるとされたのです。

それでも、臨終まで念仏を称え続ければ、そして臨終正念であれば別の展開があったはずです。

しかし同じく『平家物語』によれば、「苦しさのあまり息もできず、地面に倒れ伏し、とうとうもがき暴れて亡くなってしまいました」とあります。穏やかに念仏を称えるなんて、とてもできなかったでしょう。そしてやはり地獄に堕ちたと皆に思われたのです。

なお、この場面は従来、「あっち死に（熱い熱いと言いつつ亡くなった）」と表記されてきましたが、書写本を検討した近年の研究成果により、「あっけ死に（もがき暴れて亡くなった）」とするほうが正しいようです。

「南無阿弥陀仏ととなえて、わが心のなくなるを、臨終正念《りんじゅうしょうねん》という」と一遍は説いています。彼は自力のこころを捨てよと強調しているのです。「助かりたい。臨終正念でいたい」というのは自力のこころです。それが捨てられたときこそ、世の中でよくいわれているような臨終正念ですよ、と一遍は述べています。

ところで、法然はただ穏やかに念仏を称えて亡くなったかというと、どうもそうではなかったようです。念仏を称えること以外にも、臨終を迎える準備をしていたのです。それは、法然は臨終にむけて円仁《えんにん》の袈裟をまとったことです。そしてそのままで息を引き取りました。

円仁は平安時代前期の天台宗の僧で、第三代天台座主《ざす》です。天台宗は平安時代の初めに最澄が中国からもたらした宗派です。『法華経』を根本の経典としているので、天台法華宗と呼ばれたこともあります。座主とは天台宗のトップでその宗の重要寺院である延暦寺《えんりゃくじ》の住職でもあります。円仁は中国で十年間修行し、『入唐求法巡礼行記《にっとうぐほうじゅんれいこうき》』という、世界史的にも珍しい旅行記を著わしました。円仁は法然がとても尊敬していた人物です。

また親鸞の妻の恵信尼《えしんに》は、臨終近くなったころ、娘の覚信尼《かくしんに》から送ってもらったきれいな絹の衣を「黄泉路小袖《よみじこそで》」として臨終のときに使うように準備しました。

一遍も亡くなる直前の三日間、毎日水浴びをしました。それまでは三日に一度だったのですが、それで時衆《じしゅう》(門弟たち)は「そろそろ臨終が近そうだ」と覚悟しました。

来世に向けてきれいな身体と姿でいたいというのは、念仏を称えることとは別に、多くの人たちの願望だったようです。

⑩ 一瞬一瞬が臨終

南無阿弥陀仏《なむあみだぶつ》には、臨終もなく、平生《へいぜい》もなし。三世常恒《さんぜじょうごう》の法なり。出る息いる息をまたざる故に、当体《とうたい》の一念を臨終とさだむるなり。しかれば念々《ねんねん》臨終なり、念々《ねんねん》往生なり。

（『一遍上人語録』下巻五二）

【現代語訳】「南無阿弥陀仏」には臨終の時間という考えもなく、日常の生活の時間という考えもありません。これは過去・現在・未来すべてに行き渡っているあり方です。臨終は息を吐いてまた吸うという短い時間にも来てしまいますので、いまの一瞬を臨終と定めているのです。ですから一瞬一瞬が臨終であり、極楽往生なのです。

人にとってこの世を離れてあの世に向かう臨終は重大問題です。できれば臨終は迎えたくない。どうしたらいいか。その不安に対して一遍は本項のように答えたのです。まず、「南無阿弥陀仏」の世界には臨終もなければ平生《へいぜい》もない、と説きます。平生とは、現在の、生きているこの世ということです。後世やあの世という概念は入っていません。あくまでもこの世でのことです。

一遍はそれを乗りこえる方法として、「南無阿弥陀仏には、臨終もなく、平生《へいぜい》もなし」という言葉を提示したのです。「南無阿弥陀仏」の世界に入れば、臨終はなくなるのです。臨終に対する不安、苦しみはなくなると言い換えてもよいでしょう。

「当体《とうたい》の一念」とは、いまの瞬間の体で称える念仏ということです。「当」の意味は、現代とはかなり異なっていて、「いま、現在」という意味です。「当時」といえば、現代のように過去の時を指すのではなくて、「いまの時」ということになります。

いまを臨終の時と思って念仏を称えよう、そうすれば一瞬一瞬が臨終ということになり、同時に極楽往生となる、心配はいらない、というのです。しかも、これは過去の世・現在の世・未来の世というすべての世のあり方なのです。

⑪ どう称えるかは問題ではない

念仏の下地《したじ》をつくる事なかれ。惣《そう》じて、行《ぎょう》ずる風情《ふぜい》も往生せず、声の風情も往生せず、身《み》の振舞も往生せず、心のもちようも往生せず。ただ南無阿弥陀仏が往生するなり。

【現代語訳】 念仏を称えるにあたり、下ごしらえなどしてはいけません。ともかく、念仏を称える姿がよいから往生が決まるのではなく、念仏の声がよいから往生するということでもありません。あるいは、身体の動きが美しいからといって往生するのでもなければ、気持がしっかりしているからといって往生するのでもありません。「南無阿弥陀仏」のみが往生するのです。

（『一遍上人語録』下巻六九）

このように称えれば極楽往生できるなどと考えたり、行動してはいけません、と一遍は説いています。

いかにも多くの修行を積んだようにみえる僧が、ありがたそうな念仏を厳粛に称えるから極楽往生できるということではない、とも言います。またきれいな声で称えれば往生できて、声が悪ければ往生できないというものではありません。

ですから、いろいろ修行を積まなくてはならない、声をきれいにしなくてはならない、きれいな動作で念仏を称えなければならない、などと工夫する必要は一切ないのです。

そうではなくて、「南無阿弥陀仏」という念仏の声に包まれるからこそ往生できるのです。したがって、「南無阿弥陀仏」だけが往生するのです。その世界に包まれていれば、人は往生できるのです。その際に、人は「南無阿弥陀仏」の名号の世界に融け込み、名号と一体となるのです。

「ただ南無阿弥陀仏が往生するなり」というのは、一遍の考えをよく表わした、至言ということができます。

⑫ 名号そのものが絶対の力

往生《おうじょう》はまたく義《ぎ》によらず、名号《みょうごう》によるなり。法師《ほうし》が勧《すす》むる名号を信じたるは往生せじと心にはおもうとも、念仏だに申さば往生すべし。

【現代語訳】 極楽往生は教義を詳しく知ったからといって成るものではありません。名号によって成るのです。私一遍が勧める名号を信じても往生することはないとこころの中で思っても、念仏さえ称えれば往生するのです。

(『一遍上人語録』下巻八三)

ここでも、「南無阿弥陀仏」という名号の持つ救済の絶対力を説いています。一遍は、自分が勧める名号を信じても、念仏を称えても往生はできないと思っている人も、「南無阿弥陀仏」と称えれば極楽往生してしまうのです、と強く述べています。なぜなら、一遍を信じる、信じないという人の判断や好き嫌いで極楽往生が確定するのではないからです。「南無阿弥陀仏」そのものに往生を確定させる力があるから、ということになります。

このように名号に救済の絶対力を見出すのは、一遍だけではなく、鎌倉時代中期から後期の独特の風潮のようです。「信じる」という自分の気持に自信が持てない人が多かったということでしょう。

たとえば、一遍と同時代に活躍した日蓮《にちれん》は『法華経《ほけきょう》』をたいへん尊重し、この経典によって救われると説きました。『法華経』は大乗仏教のもっとも重要な経典の一つです。この経典は、人々は『法華経』によって救われることや、永遠の生命としての釈迦を説いています。天台宗や日蓮宗の根本経典でもあります。

救われるためには、「南無妙法蓮華経《なむみょうほうれんげきょう》」と、法華経の題目《だいもく》を唱えるように勧めたのです。「南無妙法蓮華経」は漢字七文字という短い、とても簡単な言葉なのですが、それを唱えること（唱題）には大きな効果があるとして、日蓮は『法華題目抄《ほっけだいもくしょう》』という本の中でつぎのように述べています。

「『法華経』が説く教えの特色を知らず、詳しい教理を勉強しなくても、ただ〝妙法蓮華経〟〝南無妙法蓮華経〟と五字・七字の言葉だけを一日に一回、あるいは一日・一年・十年さらには一生の間でたった一回唱えるだけでもよいのです。そうすれば、いままで自分が犯した罪が重くても軽くても、それらの罪が原因で救われない世界に堕ちることはありません。結局さとりの世界に入ることができます」と。

さらに日蓮は『観心本尊抄《かんじんほんぞんしょう》』の中で、「釈迦仏が大きな慈悲のこころを起こして、妙法蓮華経という五字の中にそれを珠《たま》として包み入れ、末世のまったく未熟な私たちの首に掛けてくださいました。私たちがさとりの世界に入れるのは、〝南無妙法蓮華経〟のおかげです、私たちはそのわけを知る必要はないのです」と主張しています。

『観心本尊抄』とは、日蓮の代表的な著作の一つです。「南無妙法蓮華経」と唱えることで、そこに込められている釈迦の功徳が与えられると説いています。

なお日蓮においては、救いの絶対力を持つのは「妙法蓮華経」の五字です。人々がこれに帰依して唱えるとき、その帰依の気持が「南無」となり、「南無妙法蓮華経」となるのです。

「南無」とは、インドの言葉「ナーム」に由来します。「ああ、なんとすばらしい」とほめたたえるときに発する言葉です。それを中国語に翻訳したのが「南無」です。

ちなみに、インドの言葉が中国語に翻訳されるときに、意味を取って翻訳する場合と、音をそのまま漢字にあてはめる場合とがありました。たとえば、「釈迦」は「シャカ」の音訳です。阿弥陀は「アミターバ（無量光）」または「アミターユス（無量寿）」の音訳です。

「さとった人」を意味する「ブッダ」は、音訳と意訳の両方があります。音訳は「仏《ぶつ》」で、意訳は「如来《にょらい》」です。ですから「阿弥陀仏」でも「阿弥陀如来」でも同じこととなります。

⑬ 釈迦も阿弥陀仏も教えることは同じ

法華《ほっけ》と名号《みょうごう》と一体なり。法華は色法《しきほう》、名号は心法《しんぽう》なり。色心不二《しきしんふに》なれば、法華すなわち名号なり。

【現代語訳】『法華経《ほけきょう》』と名号とは一つなのです。『法華経』は目に見える教えであり、名号は目に見えないこころの教えです。両方は相補いあっていて、二つの異なる存在ではありません。それで『法華経』は名号であると言えるのです。

（『一遍上人語録』下巻八一）

一見異なってみえる内容の経典、『法華経』と『無量寿経《むりょうじゅきょう》』との関係を述べています。『法華経』には釈迦の救いが、『無量寿経』には阿弥陀仏の救いが説かれています。しかし実は、『無量寿経』も釈迦が阿弥陀仏の救いを説くということで始まります。

もともと仏教経典は黄色い紙に書写し、赤い色の軸に巻きました。これを黄巻《おうがん》赤軸《しゃくじく》といいました。『法華経』もそうでした。天台宗《てんだいしゅう》は『法華経』をもっとも大切にし、聖たちの中にも『法華経』のみに生きる者たちは大勢いました。

「色法《しきほう》」は「色が付いている教え」という意味であり、すなわち黄色い紙に書写した『法華経』を指しています。「心法《しんぽう》」とは、自分のこころのもととなっている教えという意味であり、阿弥陀仏の教えを説く『無量寿経』を指しています。

一遍は、形とこころが表裏一体であるように、『法華経』も『無量寿経』も表面的には異なっているが教えは同じである、と説きます。したがって『法華経』を信仰することを示す「南無妙法蓮華経」と、『無量寿経』の教えを尊重する「南無阿弥陀仏」とは二つであって二つではないと説いています。それが「法華すなわち名号なり」という文の意味するところです。

⑭ 仏をほんとうに見るということ

称名《しょうみょう》の外《ほか》に見仏《けんぶつ》を求《もと》むべからず。名号すなわち真実の見仏なり。

【現代語訳】 念仏を称えること以外に阿弥陀仏を見ることを望んではいけません。名号がとりもなおさず阿弥陀仏をほんとうに見ることなのです。

（『一遍上人語録』下巻三五）

法然の専修念仏《せんじゅねんぶつ》が出現する前までは、念仏といえば観想念仏《かんそうねんぶつ》の行《ぎょう》のことでした。これは、金色の阿弥陀仏と極楽世界を念じる行ないです。目の前に阿弥陀仏と極楽浄土のありさまが浮かぶようにするのです。目の前に見ることができれば（見仏《けんぶつ》）、もう極楽往生が確定したとされました。

むろんそれは簡単にできる行ではありません。そこで、いろいろ訓練する方法があります。前述した『観無量寿経《かんむりょうじゅきょう》』という経典にはその訓練の方法がいくつもあげられています。『観無量寿経』という経名は、「阿弥陀仏を観る方法を教える経典」という意味なのです。また天台宗の世界では、現在でもつぎのような手順による方法が伝えられているそうです。

①阿弥陀仏と極楽浄土の絵像を壁に掛け、その絵像をじっと見て強く印象に残す。
②目を閉じてその絵像を思い浮かべ、目をあけても閉じても同じように目の前に阿弥陀仏と極楽浄土のありさまが見えるようにする。
③できるようになったら、阿弥陀仏を示す梵字《ぼんじ》を壁に掛け、上記②を行なう。
④できるようになったら、山の中に入って一日中座り、千日間、上記②を行なう。

⑤目をあけても閉じても同じように阿弥陀仏と極楽浄土のありさまが見えるようになったら、極楽往生が確約される。

私は、この行を体験し成就した修行者の対談録を読んだことがあります。それによると、その修行者は上記③までは何とか通過することができました。ところが山中へ入って一日中座っていましたが、三百日経っても、四百日経っても、九百日経っても阿弥陀仏は見えませんでした。「ああ、自分には能力がないのか」と深く失望しつつも、さらに続けていると、九百五十二日目になってフッと金色に輝く阿弥陀仏が現われたそうです。そこでこの修行者は「昔の人が千日間の修行期間を設定したのは理由のあることだったのだなと感じた」と言っています。

実は、法然もこのような見仏を望んでいたのです。そして建久九年（一一九八）、六十八歳のときに願いがかなえられました。念仏を称えていると、阿弥陀仏と極楽浄土のありさまが出現したといいます。これを「三昧発得《さんまいほっとく》」といいます。法然は、自分が師匠と慕った唐の善導《ぜんどう》が三昧発得を実現させていたので、その境地に達したいと願って工夫を重ねてきた結果できたのです。その後、法然は何度かこの境地に達したそうです。

しかし一遍は、「阿弥陀仏を見たいという気持はわかります。しかし仮に見えたとして、それがほんとうの阿弥陀仏であるという保証はありません」と説いています。

本項の法語には、続けてつぎの厳しい文があります。

もし我等当時の眼《まなこ》に仏《ほとけ》を見《み》ば、魔《ま》なりとしるべし。

（もし私がいま現在の目で仏を見たなら、それは私の修行を邪魔する魔と判断します。）

「南無阿弥陀仏」という名号の世界こそ極楽浄土であり、救済の世界であって、その中にこそ阿弥陀仏はおいでになる、と一遍は説きました。

法然は、ひたすら念仏のみを称えることで阿弥陀仏が極楽浄土へ迎えとってくださると説きました。これを専修念仏といいます。さまざまな修行をしなければならないとする天台宗の教えとは大いに異なっていました。一遍はこの専修念仏の系譜を引いています。

しかし一遍は、法然の三昧発得の境地を否定しました。生きた時代や直面する課題が異なるのですから、それはやむを得ないことです。

⑮「花の事は花にとえ……」

花の事は花にとえ、紫雲《しうん》の事は紫雲にとえ。

【現代語訳】 花のことは花に尋ねなさい。紫雲のことは紫雲に尋ねなさい。

（『一遍聖絵』第六巻第一段）

弘安五年（一二八二）、一遍は鎌倉の入り口の小袋坂《こぶくろざか》で執権北条時宗の一行と出会い、布教をとがめられます。そのとき、布教のためには死をも恐れない態度を示し、「ほんとうの念仏者だ」と評判になり大きな人気を得ました。布教のために故郷を出て全国をめぐって八年、やっと満足のいく結果が得られたのです。

一遍と時衆《じしゅう》（門弟たち）は、その後、鎌倉の西にある片瀬《かたせ》に移りました。現在の神奈川県藤沢市片瀬です。そこの御堂で断食して数日間、念仏を称えました。それから、近くの往生院からの招きでそちらに移り、一日一夜を過ごし、また片瀬の浜の地蔵堂からの招きでそちらに移って数日を過ごしました。引っ張りだこの様子がわかります。

地蔵堂には、「身分の高い者や低い者が、雨が降るようにどんどん参詣し、僧侶や俗人が雲が湧くようにどっと集まってきました」と、『一遍聖絵《いっぺんひじりえ》』は伝えています。このときには現代の盆踊り舞台のようなやぐらを組んで、手を振り足をあげて跳ね回りつつ念仏を称える踊り念仏も行ないました。

この場面に相当する絵は、とても興味深いものです。地蔵堂の境内でしょうか、板の屋根を被せた高い舞台が組まれて、その上で若者や年配の時衆が大勢、鉦《かね》を叩きながら踊り念仏を行なっています。舞台の周囲を、これまた大勢の貴賤・道俗の人たちが取り巻いて見物しています。門弟たちの中には建築技術を持っている者がいたのではないか、と推測する説もあります。

見物人の中には、子どもをお供にしながら杖をついて歩く琵琶法師《びわほうし》がいたり、また唐傘に巻物を紐でぶら下げた絵解きもいます。絵解きとは、掛け軸に描いた地獄・極楽の絵や、高僧の伝記を見せ、説明して世を渡る人たちのことです。

牛車《ぎっしゃ》も乗り入れています。輿《こし》も入ってきています。よく見ると、舞台の柱に子どもがよじ登っています。少し離れた所を、馬に荷物を積んだ運送業者らしい者が、通りがかりに踊り念仏を眺めて歩いていきます。また、小屋ともいえない小屋掛けが二列に分かれて何軒も並んでいます。その間が地蔵堂への参道のようです。

踊り念仏の舞台の上からは、白い顔や白い足の尼の時衆が見物人に笑いかけています。男の時衆の中にはまじめに鉦を叩く者がいたり、うれしそうに天を仰いで恍惚の表情をしている者もいます。一遍はといえば猫背でうつむき加減、鉦を叩いて念仏を称え続けている気配です。時衆たちは舞台いっぱいに大勢で床板を踏み鳴らしつつ、列を組んで右回りに舞台を回っています。

このような賑わいの中で、「この道場（地蔵堂）において、三月の末に初めて紫雲《しうん》が立って、天から花が降りました。以後、折にふれて、このような極楽往生が保証されるめでたい様子が見られました。参詣の人たちの中には、『ほんものかなあ』と疑って一遍に質問する人もいました……」というできごとが起きました。

この質問に一遍が答えたのが本項の文です。「そんなことを尋ねたければ紫雲や花に尋ねてごらん。何と答えてくれるかねぇ」と。つまり、「名号《みょうごう》以外に気を取られてもまったく極楽往生のためには意味がないよ」と言いたかったのです。

踊り念仏は、平安時代の念仏僧・空也《くうや》が京都の街中で始めたと、一遍は述べています（『一遍聖絵』）。しかしそれが一遍の踊り念仏と同じかどうか、またその後に伝えられていたのかどうか、まったくわかっていません。

おりしも人々のこころはモンゴル襲来という不安におおわれていました。人々はその不安から逃れるためにも、我を忘れて跳ね回る踊り念仏に引きこまれたようです。一遍の踊り念仏は各地で大いに人気を博しました。

《キーワード①名号》

名号《みょうごう》とは仏菩薩《ぶつぼさつ》の名前であり、称号のことです。名字《みょうじ》ともいいます。阿弥陀仏や薬師如来、観音菩薩などがそれです。浄土教では阿弥陀仏だけを意味します。法然は「名号には、阿弥陀仏の救いの力がすべて込められています」と述べました。極楽往生のためには、さまざまな修行より名号のほうがずっと効果がある、具体的には「南無阿弥陀仏《なむあみだぶつ》（ああ、なんとすばらしい阿弥陀仏であることか）」と称えるのが最もよい方法です、と教えました。

法然の弟子の証空《しょうくう》は、名号を「南無阿弥陀仏」という六文字ととらえました。「南無」とは「ああ、なんとすばらしい」と阿弥陀仏に頼ることであり、ひたすら「南無阿弥陀仏」と称えて人間と阿弥陀仏とが一体となるところにこそ救いがあるのだ、としました。

この考え方は、証空の孫弟子にあたる一遍に至っていっそう強くなりました。一遍は六文字の名号の中に、阿弥陀仏が持っている以上の、救済に関する絶対力を見出したのです。

人々が「南無阿弥陀仏」と称えたからこそ、阿弥陀仏がさとりを得られたし、人々も極楽往生できるとしました。ですから、一遍にとっても名号とは「南無阿弥陀仏」のことでした。

この一遍の思想は、「十一不二《じゅういちふに》の頌《じゅ》」（26～27頁参照）や「六十万人《ろくじゅうまんにん》の頌《じゅ》」（15～16頁参照）、あるいは「六字無生《ろくじむしょう》の頌《じゅ》」（19頁参照）によく示されています。

Ⅱ

捨てる思想

⑯ 一切を捨てて念仏を

（念仏の行者は）一切《いっさい》の事《こと》をすてて申《もう》す念仏こそ、弥陀《みだ》超世《ちょうせ》の本願《ほんがん》にもっともかない候《そうら》え。

【現代語訳】 念仏を称える人は、すべての事がらを捨てて念仏を称えることこそ、阿弥陀仏がはるかな昔（十劫《じっこう》の昔）に立ててくださった誓願の趣旨にほんとうにあっています。

（『一遍上人語録《いっぺんしょうにんごろく》』上巻）

平安時代から鎌倉時代の社会では、極楽往生の基本的条件として、この世のことに執着してはいけない、ということがありました。臨終のとき、「あの着物はきれいだったな、着たかったな」と思ったり、「あの食べ物はおいしかった。もう一回食べたい」とか、「あの住まいはよかった、あそこに住みたかった」などと思うと、その一瞬に念仏を称えるのを忘れ、地獄へ堕ちてしまいます。執着心のなせる業です。だからこの世のすべてに対する執着心は捨てるべきなのです。すなわち、衣食住を捨てよということです。

一遍も、念仏のみに生きようと家を出たときに、財産その他を一切捨ててしまいました。やがては妻子も捨てました。すべてを捨てて念仏に生きることに徹した結果、一遍は「捨聖《すてひじり》」と呼ばれ、尊敬を集めるようになりました。

吉備津宮《きびつのみや》の神主の息子の家へ行って念仏を説いたときのことですが、その妻は感動して出家してしまいました。一遍が去った後で帰宅し、妻が頭をまるめたのを見た夫はびっくり仰天、わけを問いただしました。そのとき妻はつぎのように答えたと、『一遍聖絵』第四巻第三段にあります。

「尊い捨聖がいらっしゃり、念仏を称えて極楽往生することや、迷いの世界を出ることの方法などを話してくださいました。その話を伺っていましたらたいへん尊いことに思われて、こんな髪の毛で頭を飾っていても何の役にも立たない、むしろ極楽往生のためには邪魔になると思って頭をまるめ、出家しました。」

すべてを捨てて念仏を伝えて歩くことはたいへん尊敬に値することと思われていたのです。すべてを捨てれば、各地を放浪せざるを得ませんし、身の安全も保障されなかったからです。

ちなみに、吉備津宮の神主の息子すなわち神官の家族は、自らの神道から仏教に移るには葛藤があったのではないか、という現代的解釈はあてはまりません。神道と仏教を別々の宗教であるとはっきり分けるのは、明治初めの神仏分離以降の考え方だからです。それ以前の一般の人たちは、神仏を分けて把握してはいませんでした。現代人がお正月の初詣に行ってまず神社にお参りし、ついでに近くにお寺があるのでそこへもお参りしようとなっても、違和感がないのと同じことです。

さらにまた、当時の地方の神官は武士であるのが普通です。武士であって神官の職を持っている者ということです。

『一遍聖絵』でこの神主の息子が描かれている場面を見ると、完全に荒々しい武士として描かれていることがわかります。「なぜ妻を出家させた」と刀に手をかけて一遍に迫っている場面です。そこには仏教と神道の教理的な違いなど入り込む余地はありません。

取り上げた言葉の前に、「救いについての智慧もこの世のことについての愚痴も捨て、善と悪が入り混じるこの世界も捨て、身分の上下に関する慣行なども捨て、地獄へ堕ちることを恐れるこころも捨て、極楽往生したいと望むこころも捨て、またいろいろな宗派でいうところのさとりも捨て」とありますが、一遍はこれらのすべてを捨てたかったのです。それでこのように一つひとつ項目をあげていって、「全部捨てた」と確認して安心できたという面もあるのではないでしょうか。

これで阿弥陀仏は満足してくださるだろう、こうして念仏を称えるなら極楽往生は疑いなし。そのように一遍は考えたのではないでしょうか。一遍は感情豊かな人だったのだろうと思います。

⑰ 一心不乱とは

我体《わがてい》を捨て南無阿弥陀仏と独一《どくいつ》なるを一心不乱《いっしんふらん》というなり。されば念々《ねんねん》の称名《しょうみょう》は念仏が念仏を申すなり。

（『一遍上人語録』下巻一六）

【現代語訳】 自分の身体を捨てて「南無阿弥陀仏」とひたすら一つになるのを一心不乱といいます。ですから、毎回の念仏は私ではなく念仏自身が称えているのです。

「一心不乱に念仏を称えよとか、一心不乱に阿弥陀仏を拝めとか、一心不乱にお経を読めなどという教えがあります。極楽往生するためには、とにかく一心不乱に、他のことには目もくれずに修行しなさい。そうすればやがて往生できますと言われていますね。いままでの僧侶たちや貴族たちはそのように教えられてきました。それが仏教の当然のあり方とされてきたのです。でもそれは違います。『一心不乱』という言葉の使い方が違っています」。一遍はそのように従来の教えを批判しました。その理由を説明したのが本項の文です。

「独一《どくいつ》」というのは、一遍の独特のことばです。自分と「南無阿弥陀仏」とが一緒になり、なおかつ自分というものがその中で残っている、というのではないのです。まったく一つになってしまって、自分という存在はあとかたもなくなっている。それが「独一」です。自分という人間が何かを考えるとか、何か自分の利益をはかろうとすることとかはまったくなくなっている状態なのです。自分が残っていれば、どうしても自力の作用が顔を出します。それでは救済にあずかれないのです。

『一遍上人語録』下巻六六に、つぎの法語があります。

心の外に境《さかい》を置《おき》て、念をおこすを迷《まよ》いというなり。境を滅して独一《どくいつ》なる本分の心は妄念《もうねん》なし。

（こころの外に意識上の別の世界を作り、そこでいろいろと勝手な思いをすることを迷いといいます。その世界を壊し、「南無阿弥陀仏」と一つになるこころの本来のあり方に戻れば、そこにはこころを迷わせる悩みはないのです。）

また、同下巻六八の法語にも、つぎのようにあります。

万事《ばんじ》にいろわず、一切を捨離《しゃり》して、孤独独一《どくいつ》なるを、死するとはいうなり。

（すべてのことに関わりを持たず、全部を捨て、またそれらから離れて完全に孤立し、そして「南無阿弥陀仏」と一つになった時を死ぬというのです。）

「死」は悲しいこと、残念なことではなく、望ましい状態になることを指しています。それが一遍の考えです。

「我体《わがてい》を捨て」というのは、自分のこころも身体も全部ないようにして「南無阿弥陀仏」と融けあって、という意味なのです。あくまでも、「捨てる」ということを一遍は強調しています。

そのような状態で称える念仏は、自分が称えているように見えますが、そうではなく、「南無阿弥陀仏」という名号が「南無阿弥陀仏」と称えているのです。それが一心不乱という状態なのです。

「念々《ねんねん》の称名《しょうみょう》は念仏が念仏を申すなり」というのは、まさに一遍独特の心境であり、言いまわしです。

ですから、「念仏によって救われる理論をよく理解し、上手に念仏を称えて阿弥陀仏にほめてもらって極楽往生しよう」などと考えるのは間違っています。なぜなら、そこには「自分が」という自力が明らかに見えますし、「上手に称えたい」という執着心もなくなっていないからです。「我」がなくならなければ救いはないのだ、と一遍は諭しています。

自分の外にある物質的な世界を捨てなさい。また意識上で自分の外に作った世界も捨てなさい。その上で南無阿弥陀仏の念仏と一つになり、自分という形もこころもなくなって独一となったときこそ、一心不乱というのです。これが一心不乱という言葉のほんとうの意味です。一遍はそのように説いています。

⑱ すべてを捨て、そこから離れる

本来無一物《ほんらいむいちもつ》なれば、諸事において実有我物《じつうがもつ》のおもいをなすべからず。一切を捨離《しゃり》すべし。

【現代語訳】 私たちはもともと何も持っていないのですから、すべてのことで自分のものだと思ってはいけません。すべてを捨て、またそこから離れなさい。

（『一遍上人語録』下巻七七）

私たちはだれでも、生まれるときには何も持ってきてはいません。何か持って生まれてくる人などいません。また亡くなるときに何か持って次の世に行く人もいません。まったく何も持たないで次の世に行くのです。

それは、阿弥陀信仰の基本的な経典の一つである『無量寿経《むりょうじゅきょう》』に、「人は、世の中の執着心や欲望のなかで、たった一人孤独で生まれ、一人孤独のうちに死に、一人孤独で去っていき、また一人孤独でやって来るのです」と記されているとおりです。

だから一遍は、悩む人たちに対して、「ほんとうにたった一人ではありませんか、それが私たち本来のあり方ではありませんか。そこを出発点として人生を考えていこうではありませんか。実はそこに仏教でいうところのさとりの原点があるのですよ」と説いているのです。

仏教ではさとった人のことを仏《ぶつ》あるいは如来《にょらい》といいます。阿弥陀仏あるいは阿弥陀如来というのがそれです。インドのことばであるブッダ（さとった人）を中国語の音に当てはめたのが「仏」です。これを音訳といいます。

仏教の開祖とされる釈迦の本名はゴータマ・シッダッタ（南方仏教の仏典に用いられ

ているパーリ語の読み）ですが、ブッダと称することもあるのは、釈迦がさとった人だったからです。

釈迦というのは、その出身の部族である釈迦族という名称からとった通称です。歴史上のゴータマ・シッダッタは釈迦族の国王の王子だったとされています。一時、王子ではなかったという説も出ましたが、現在は王子説で落ち着いているようです。

さとった人というブッダの意味を中国語に訳したのが「如来」です。これを意訳といいます。「如来」を漢文風に読めば、「来たるが如し」となります。つまり、なんの飾り気もなく、なんの意図することもなく生まれたままのような状態ですっとあらわれる。それが「来たるが如し」です。当然、なにも持っていません。衣食住、なにも持っていないのです。

ですから一遍は、つぎのように説きます。

「それなのに私たちは、周囲の物を実体があると思いこみ、自分が所有できるとか、所有できれば満足感を得られると思ってしまうのです。しかしそれでは阿弥陀仏の極楽へ往生することはできません。それらに執着してしまうのは、自然のあり方に反するではありませんか。衣食住のすべてを捨てるべきです。その上で念仏を称えれば往生できるでしょう」と。

たしかに一遍は、人の信《しん》・不信《ふしん》、浄《じょう》・不浄《ふじょう》、有罪《うざい》・無罪《むざい》にかかわらず、「南無阿弥陀仏」と称えれば、その名号の力によって往生できると説いています。しかし、だからといって、さまざまなことで、あれもこれも自分の物だなどという欲望を起こしてはいけないのです。欲望を起こしても大丈夫、名号の力はそれより比較にならないくらい大きいではないか、と思ってはなりません。本項ではそのことを説いています。

この一遍の思想は、親鸞の思想の一つとして有名な「悪人正機説《あくにんしょうきせつ》」のあり方に似ています。

悪人正機説では、自分で自分を救えない悪人、つい悪いことをしてしまう悪人こそ、阿弥陀仏が真っ先に救おうとしている、としています。だからといって、悪いことをしていいはずがありません。「いくら悪いことをしても阿弥陀仏は救ってくれる。どんどん悪いことをしよう」ということではいけないのです。

ちなみに、「本来無一物」とは禅宗でも用いられる言葉です。

⑲ 衣食住を捨てる理由

衣食住の三《みつ》は三悪道《さんまくどう》なり。衣裳を求《もと》めかざるは畜生道《ちくしょうどう》の業《ごう》なり。食物をむさぼりもとむるは餓鬼道《がきどう》の業なり。住所をかまうるは地《じ》獄道《ごくどう》の業なり。

【現代語訳】 衣食住の三つは、迷いの世界へ堕ちる原因となります。美しい着物を欲しがって身を飾るのは、畜生の世界に堕ちる原因となります。食物をむやみやたらと欲しがるのは、餓鬼の世界へ堕ちる原因となります。家を持つのは地獄の世界に堕ちる原因となります。

（『一遍上人語録』下巻七五）

「名号こそ唯一大切である。他の物はすべて捨てよ」と言われても、抽象的で実感がないという人のために、一遍は捨てないことの恐ろしさを具体的に説いています。釈迦によって始められた原始仏教にはないのですが、その後に展開した仏教では、人が次の世で生まれ変わるべき世界には十種類あるとしています。

それは、よい世界から悪い世界まで順につぎのようになっています。仏《ぶつ》の世界、菩《ぼ》薩《さつ》の世界、縁覚《えんがく》の世界、声聞《しょうもん》の世界、天人《てんにん》の世界、人間の世界、修羅《しゅら》の世界、畜生の世界、餓鬼の世界、地獄の世界です。

このうち、仏の世界（仏界または仏道ともいう）はさとった者が住む世界で、菩薩の世界は自分も他人もともにさとろうとする者が住む世界です。縁覚の世界は、師匠がいなくて一人でさとろうとする者が住む世界です。声聞の世界は、仏の教えを聞き自己のさとりを求めることだけに専念する者たちの世界です。

つぎの天人の世界は、人間の世界よりはよい環境ですが、理想的ではありません。人間の世界は、悩み多く、さとれる者は非常にまれな世界です。修羅の世界は、争いの好きな者が常に戦い、殺し合っている世界です。畜生の世界は動物の世界です。餓鬼の世界は、飲むこと食べることができなくて苦しむ世界です。そして、地獄。

この十の世界を合わせて十界《じっかい》といいます。うち、天人の世界から地獄の世界までの六つの世界が救われない世界です。

天人の世界は住むのにとてもよい世界なのですけれど、寿命は五百歳、必ず死ななければなりません。永久に救われる世界ではありません。さらに、修羅界は争いが好きな者が堕ちるところ、畜生界は不倫をした者が堕ちるところ、餓鬼界は他人の食べ物を取って食べた者が堕ちるところともいわれてきました。地獄界は殺人等のもっとも悪い罪を犯した者が堕ちる世界です。

これらの中で、特に堕ちたくない悪い世界を三悪道《さんまくどう》といいました。それは下の三つ、畜生道・餓鬼道・地獄道です。そこへ堕ちる原因として、一遍はつぎのように独特の説き方をしました。

まず畜生道には、美しい着物を欲しがり、それで身を飾りたがる者が堕ちる、と言っています。畜生道とは動物の世界です。その中でも、鳥のことを念頭に置いているのでしょう。鳥の雄には雌に比べて羽がきれいな種類があります。きれいな着物ばかり欲しがっていると来世はその鳥になるぞ、畜生道に堕ちるぞという戒めでしょう。着物は着ることができればいいのだ、美しい物を欲しがってはいけない、そんな執着心はいけないのだということです。

つぎに、他人の食べ物を取らないまでも、食べ物をむやみやたらに欲しがるのはよくありません。それに対する執着心は極楽往生できず、餓鬼道に堕ちる原因になってしまいます。また、他人の食べ物を取ってしまうこともあるでしょう。これは特によくないことです。

さらに家を持つのはもっともよくないことです。家を持てば、その中でさまざまな欲望が展開し、それによる罪を重ねることになり、その結果地獄に堕ちるでしょう。家は持つべきではありません。遊行に徹すべきです。そうすれば地獄に堕ちる罪を犯すことはないのです。

取り上げた言葉でそのように説いたあとに、「ですから、三つの迷いの世界が嫌なら、衣食住を捨てなさい」と続きます。つまり、捨聖《すてひじり》の境遇になりなさい、と一遍は諭しているのです。

20 執着心を捨てるために

我等は下根《げこん》のものなれば、一切を捨《す》てずは、定《さだ》めて臨終に諸事《しょじ》に著《じゃく》して往生をし損《そん》ずべきなりと思う故に、かくのごとく行《ぎょう》ずるなり。

【現代語訳】 私はさとりへの能力がない人間なので、すべてを捨てなければいろいろなことに執着心が湧き、極楽へ往生できなくなるのではないかと思いますので、このようにすべてを捨てつつ生きているのです。（「我等」というのは「私」という意味で、「私たち」という現代的な意味ではありません。）

（『一遍上人語録』下巻四四）

奈良時代までの仏教界では、さとりを得られる人は三種類に分けられていました。菩薩（自分も他人もともにさとろうとする）と、声聞《しょうもん》（仏の教えを聞くことによってさとろうとする）と、縁覚《えんがく》（師匠がなく、自分だけでさとろうとする）です。それぞれの修行方法があり、それを三つの乗り物と表現したので、三乗《さんじょう》思想といいます。そのほか、さとりを得る能力のない人間もいるとされました。それはとても多くの人間でした。

奈良時代末から平安時代にかけての僧侶である最澄《さいちょう》は、中国から天台宗《てんだいしゅう》をもたらし、すべての人は同じようにさとりを得る能力がある、一つの実践方法でよい、としました。さとりに至る一つの乗り物です。これを一乗思想《いちじょうしそう》といいました。

一乗思想はたしかに画期的な思想でした。だれでもさとりを得ることができるのですが、実際にはそれは非常に困難なことでした。苦しい、とてつもなく長い期間の修行が必要でした。しかも、その間の食料・衣装・住居などの生活費を捻出できない人は、修行生活に入ることもできません。また、文字の読めない人は経典類が理解できず、これまた修行生活に入ることができません。

そこに法然《ほうねん》の「専修念仏思想《せんじゅねんぶつしそう》」が生まれた意義があったのです。この思想では、人はだれでも念仏さえ称えれば極楽浄土に往生できるのです。その極楽浄土で、望ましい環境の中で、阿弥陀仏の指導のもとに楽にさとりが得られるとされていました。

しかし、それでこころ穏やかに念仏を称えていけるかというと、必ずしもそうではありませんでした。やはり、臨終のことが心配だったのです。平安時代以来の「臨《りん》終《じゅう》正《しょう》念《ねん》」の思想は鎌倉時代後期になっても、強い影響力を持っていました。

臨終正念というのは、この世を去る臨終の一瞬に、穏やかで平静な気持で念仏を称えることです。そうすれば必ず極楽へ往生できるというのです。もしなにかの事情で、臨終に念仏を称えることができなければ、地獄に堕ちるのです。そうなるのは、この世のさまざまなことに未練が残って念仏を称え忘れてしまうからです。極楽往生し損ねる大きな問題は執着心だとされていました。法然の専修念仏の思想はこの臨終正念を否定しました。しかし世の中には臨終正念の考え方はずっと残りました。

一遍は本項で取り上げた言葉の前で、「人間は、極楽往生への基本的能力で三種類に分けられます。もっとも能力がある人（上根《じょうこん》）は妻子があり家があって生活していても、臨終の時にはそれらに執着することなく、往生します。中くらいの能力の人

（中根《ちゅうこん》）は、妻子は捨てておいたほうがいいのですが、ふだん家があってきれいな着物を身につけ、豊かな食事をしていても、いざという時にはそれらに執着することなく、往生します。まったく能力のない人（下根《げこん》）は、最初からすべてを捨て、それらから離れることによって往生するのです」と述べています。

つまり、どれも往生できないということではありませんが、執着心が弱いほうが望ましいのです。そして一遍自身は、自分を下根の者であるとし、すべてを捨てるよう努力して毎日生きている、と述べています。

無数に捨てることがあるなかで、家を捨てるのが最も困難であることから、遊行《ゆぎょう》をする（旅をしながら仏道の修行をする）ということになるのです。

一生続く遊行の毎日はとても苦しかったでしょう。それを実行している一遍は、各地で接する人々から尊敬の念をもって迎えられました。そのため一遍は遊行《ゆぎょう》の聖《ひじり》、あるいは遊行上人《ゆぎょうしょうにん》と呼ばれました。この名称は一遍の後継者たちにも受け継がれました。一遍を開祖とする時宗《じしゅう》では、その指導者を遊行上人と呼んで現在に至っています（宗教法人の代表としての正式の名称は時宗管長）。

㉑ 妻や子は「順魔」である

魔《ま》につきて順魔《じゅんま》・逆魔《ぎゃくま》のふたつあり。行者《ぎょうじゃ》の心に順じて魔となるあり、行者の違乱《いらん》となりて魔となるあり。ふたつの中には順魔がなお大事の魔なり。妻子等是《これ》なり。

（『一遍上人語録』下巻三六）

【現代語訳】 極楽往生を妨げるものが二つあります。自分のこころに添いつつもそのこころを乱す妨げと、病気や災難など身体の平衡を乱す妨げとです。この二つの中では、前者の妨げがいっそう問題です。妻や子どもたちがこれです。

「魔」というのは、もともとは欲（執着や貪《むさぼ》り、偏愛）の世界で大いに活動する「第《だい》六天《ろくてん》の魔王《まおう》」のことを指しました。「天」というのは、毘沙門天《びしゃもんてん》などと同じく、仏教における神々のことで、仏や菩薩を守る天もあれば、妨げをなす天もあります。

この魔王は、常に多くの眷属《けんぞく》（家来）を率いて、人間界の仏道修行の人たちのさとりを妨げているといわれます。さとりの妨げは煩悩《ぼんのう》だろうということで、「魔」は煩悩を指すこともあります。あるいは、さとりの妨げをなすすべての障害のことを指すこともあります。

「逆魔《ぎゃくま》」とは、人の意思に逆らって外から人の中に入り、さとりや往生の修行の邪魔をする存在です。病気や災難のことを指します。

現代人は、病気は病原菌が身体に入って起きるとか、身体の内部に問題があってそれが原因で体調が悪くなるとか、あるいは持って生まれた遺伝子によって病気になることがあるなどということを知っています。病気の原因は身体の内外にあるということです。

しかし昔の人は病気の原因について、そのようには考えませんでした。外から魔物が身体の中に入って病気になる、あるいは身体に近づくだけで病気になると考えていました。その魔物が逆魔の一つとされていたのです。

逆魔はだれにとってもうれしいものではありません。気持に逆らっています。それで「行者の（こころの）違乱《いらん》となりて魔となる」ので、「逆魔」と呼ばれたのです。

魔にはもう一つありました。それは愛着を感じる魔で、それが「順魔《じゅんま》」です。「順」とは「愛着を感じる」という意味です。愛着を感じるのですから、自分の内部のこころから起こる魔ということになります。それはさとり・往生の妨げとなります。順魔は妻子や財宝を指します。「行者のこころに順じて魔となる」ので「順魔」と呼ばれたのです。財宝は惜しみつつも捨てることが十分に可能です。しかし、妻子はそうはいきません。

一遍は妻子を捨てることのむずかしさ・苦しさを、身をもって味わっていました。文永十一年（一二七四）二月、故郷の伊予国《いよのくに》から念仏布教の旅に出たとき、彼は家屋敷・財産・領地などはすべて捨てました。

『一遍聖絵《いっぺんひじりえ》』第二巻第一段には、特に「家族や親類と別れて」とあります。これを読むと、一遍は家族とも完全に別れて一人で出発したと思うのが当然でしょう。

ところがこのとき、大人の尼と少女の尼、および大きな籠を背負った下人らしい者、合わせて三人を伴っていたのです。

それは『一遍聖絵』第二巻第二段の該当する部分の絵を見るとわかります。大人の尼は一遍の妻と推定され、法名は超一《ちょういち》です。少女は一遍の娘と推定され、法名は超《ちょう》二《に》です。下人らしい者は、これまた出家して念仏房《ねんぶつぼう》という名を持っていました。

またその絵を見ると、一遍は胸を張って強い意志をもって歩いているように見えます。二人の尼はうれしそうな表情で一遍に続きます。ここに一遍の苦しさが読み取れます。別れたいけれども、妻子に「別れたくない」と泣きつかれて連れて出たのかもしれませんが、一遍自身もこころの底ではそれを嫌がっていないようです。それが順魔です。

しかし、まもなく一遍は妻子と別れました。旅に出てから半年もたたない、紀伊国《きいのくに》の熊野本宮参籠の後でした。とうとう、「順魔」を捨て切ったのです。

㉒ 臨終を自然体で迎える

旅衣《たびごろも》　木《き》のねかやのね　いずくにか
身《み》のすてられぬ　ところあるべき

【現代語訳】 旅に出ている自分は、木の根元や萱の根元など、どことといって身を捨てられないところがあるでしょうか。いや、どこにでも捨てられますよ。

（『一遍聖絵《いっぺんひじりえ》』第十一巻第三段）

正応二年（一二八九）、五十一歳の一遍は淡路国《あわじのくに》（兵庫県淡路島）で布教しています。その年の六月初めから病気になっていました。それでも毎日の活動は続けて一か月以上たち、さすがに道端で休むことが多くなってきました。

『一遍聖絵』の第十一巻に、「道の脇にある土を盛り上げた塚の傍で、一休みしながら一首詠まれました」とありますが、本項で取り上げた歌はその時のものです。

病気を心配する門弟たちに対して、「私は大丈夫ですよ」という、一遍の意思表示の意味もあります。どこにいても臨終する覚悟があります、と一遍は言っているのです。

一般的には、最期の時にはよい環境の中で臨終を迎えたいものでしょう。少なくとも、家の中で息を引き取りたいと思うものではないでしょうか。しかし一遍は、「そうではありません」と言っています。「どんなところでも臨終を迎えることができますよ」と。

「どこで臨終を迎えたい」とか「家族に囲まれて往生したい」などと思わず、執着心を捨てて自然体でいきましょう、と一遍は呼びかけています。

㉓ 身体も命もはかないもの

身《み》を観《かん》ずれば水のあわ　きえぬるのちは人ぞなき
命《いのち》を思えば月のかげ　いでいるいきにぞとどまらぬ

【現代語訳】 自分の身体についてよく考えてみると、水の泡のようなものであるとわかります。消えてしまった後には人間としての形も残らない、はかないものです。自分の命についてよく考えてみても、川面に浮かぶ月の影のように、これまたはかないものです。吐く息と吸う息の間のほんのわずかの間にさえ、とどまっていないのです。

（『一遍聖絵』第九巻第四段）

一遍は長文の和讃《わさん》を二種類作ったとされてきました。その一つがこの「別願和讃《べつがんわさん》」です。本項はその最初の四句をあげました。和讃は仏の徳や教えを漢語ではなく和語でたたえるものです。鎌倉時代にはしきりに作られました。やはり日本人にはわかりやすいからでしょう。

「別願和讃」は、阿弥陀仏の四十八願のうち、第十八願の「念仏往生の願《がん》」についての和讃です。この第十八願は、四十八願の中でも特別の願だというので、「別願」と称することがあります。鎌倉時代、「別」という言葉は、「特別の」という意味で使われることが普通でした。前述したように、『無量寿経《むりょうじゅきょう》』に阿弥陀仏が人々を救うため全四十八の願を立てたとありますが、内容は、すべての人々を救いたい、そのためにこのような誓いを立てるというものであり、阿弥陀仏の「誓願《せいがん》」ともいいます。

たとい、われ仏となるをえんとき、十方《じっぽう》の衆生《しゅじょう》、至心《ししん》に信楽《しんぎょう》して、わが国に生《うま》れんと欲して、乃至十念《ないしじゅうねん》せん、もし生れずんば正覚《しょうがく》をとらじ。

「十方」というのは、東西南北の四方、さらにそれぞれの方角の間である東北・東南などの四方、それらに上下を加えた方向であり、すべての世界です。それは過去・

現在・未来というすべての世界を含んでいると解釈されています。

「信楽」は「しん・ぎょう」と読みます。「ぎょう」と読む場合には、「信じ楽しむ」という意味ではなく、「信じ願う」ということで、詳しくは「阿弥陀仏の誓いを信じ、阿弥陀仏に救われることを願う」という意味となります。

「十念《じゅうねん》」とは、本来「十回、阿弥陀仏をこころに思い浮かべる」ということでした。しかしやがて、「十回、『南無阿弥陀仏』と称える」という解釈に変わりました。阿弥陀仏の姿と世界を目の前に見ようとする、いわゆる観想念仏ではなく、称名念仏のこととされるようになったのです。

「正覚《しょうがく》」というのは、「正しいさとり」という意味です。「さとり」は天台宗や真言宗、禅宗では「悟り」と書くことが多いのですが、時宗・浄土真宗・浄土宗などの称名仏系の宗派では「覚り」と書くのが普通です。それら称名仏系の宗派が拠って立つ経典である『阿弥陀経』『無量寿経《むりょうじゅきょう》』『観無量寿経《かんむりょうじゅきょう》』では、「さとり」について「悟」ではなく「覚」の字を使っていますので、「覚り」となるわけです。本書ではすべて「さとり」としました。

さて「別願和讃」は、『一遍聖絵』第九巻と『遊行上人縁起絵《ゆぎょうしょうにんえんぎえ》』第三巻に記されています。七五調の文が全部で七十句続く長文です。七五調は、人のこころをわき立たせる働きがあります。平安時代末期から鎌倉時代初期の流行歌である今様《いまよう》を集めた『梁塵秘抄《りょうじんひしょう》』にも、七五調のものがたくさん収録されています。また『一遍上人語録』では、さらに十六句が付け加えられています。

「別願和讃」の最初の四句を取り上げましたが、そこではいかに人生がはかないかを述べ、人生は価値がないからそれを捨てて念仏のみに生きよ、と説いています。

この話は、聖徳太子のつぎの句を思い起こさせます。

世の中は虚仮《むな》し。ただ仏《ほとけ》のみ是真《これまこと》なり。

「人生ははかないもので実態がない。唯一、仏の教えこそ真実なのだ」という意味ですが、一遍ならば「すべてを捨てて念仏のみに生きよう」と続けるところです。

なお『一遍上人語録』に収められている、もう一つの一遍作とされてきた長文の和讃「百利口語《ひゃくりくご》」は、室町時代に一遍に仮託して制作されたものと現在では考えられています。

㉔ 仏と一緒に念仏を

仏《ほとけ》も衆生《しゅじょう》もひとつにて　南無阿弥陀仏とぞ申《もう》すべき

（『一遍聖絵』第九巻第四段）

【現代語訳】 阿弥陀仏も私たちも一体ですから、一緒に「南無阿弥陀仏」と称えましょう。

前項で「別願和讃《べつがんわさん》」の全体像と、最初の四句について述べました。この和讃は長いので、他の部分にも興味深い句があります。その一つを取り上げてみました。

「阿弥陀仏も南無阿弥陀仏と称える」という発想は一遍以前には見られないものです。むろん一遍は阿弥陀仏の価値を低く見ているのではありません。すべてのもとは阿弥陀仏の誓願にあり、特にその第十八願によって人々が救われる、という筋道が変えられていないのは明らかです。

加えて一遍が注目したのは、『無量寿経《むりょうじゅきょう》』にある第十八願の最後に、法蔵菩薩《ほうぞうぼさつ》（阿弥陀仏が仏になる前の修行中の名）が「この願《がん》が成就しなければ、私はさとりを得なくてもいい」と宣言していることです。そしてその願は実って、法蔵菩薩はさとることができ、人々も極楽往生できました。それは人々が「南無阿弥陀仏」と称えたからなのです。

「南無阿弥陀仏」という言葉に、しかもそれを称えるところに救いの絶対力があるのではないか。それなら皆で「南無阿弥陀仏」と称えよう。これが一遍の主張です。過去の時と現在の時とを同一の時間帯として把握できるのは、仏教独特の考え方です。

㉕ 禅のさとりの境地に達して

となうれば　仏もわれも　なかりけり
南無阿弥陀仏《なむあみだぶつ》　なむあみだ仏

【現代語訳】「南無阿弥陀仏、南無阿弥陀仏」と念仏を称えていると、阿弥陀仏と私の区別も一切の存在もなくなって、ただ「南無阿弥陀仏」だけがあります。

（『一遍上人語録』上巻）

現在の神戸市長田区に宝満寺という禅宗の寺があります。一遍はこの寺で法燈国師《ほっとうこくし》に参禅し、印可《いんか》を与えられたとされています。

印可を与えられるというのは、さとりの境地に達していると認められるということです。その境地を認めた証拠として、法燈国師が手巾《しゅきん》と薬籠《やくろう》（薬の入っている籠）を渡したそうです。

法燈は鎌倉時代中期から活躍した禅僧で、臨済宗の一派である法燈派の開祖として知られています。建長元年（一二四九）に宋に入って禅の修行をし、五年後に帰国しました。その後、紀伊国由良《きいのくにゆら》（和歌山県日高郡由良町）に西方寺を建立、以後は主にその寺を中心に活動しました。当初、西方寺は真言宗の寺院だったのですが、その後臨済宗に変わり、寺名も興国寺《こうこくじ》となって現在に至っています。

中国の仏教は禅によってこころを鎮め、念仏を称えて西方極楽浄土に至るという「念仏禅《ねんぶつぜん》」が一般的でした。念仏なり禅なりを独立させるのは日本仏教の特色です。法燈も念仏に理解があったはずです。法燈は永仁六年（一二九八）、九十二歳で亡くなりました。この年は一遍が亡くなってから九年後ですが、年齢は法燈のほうが三十二歳も上でした。

さて一遍が参禅したとき、法燈は「念起即覚（念起《ねんお》こらば、即《すなわ》ち覚《さと》れ）」という言葉を示して一遍を指導したそうです。「いろいろと気持が動いたならば、その時々の状況に応じて、すぐさまさとりを得られるようにせよ」という意味であり、『無門関《むもんかん》』という禅の書物に出ています。

もともと禅の境地は文字で説明することはできないとされています。でもその境地を無理やり漢字で表現し、それを無理やりわからせようというのですから、難しいものです。

法燈の指導に対して、一遍はつぎの和歌で答えたといいます。

となうれば　仏もわれも　なかりけり
　　南無阿弥陀仏の　声ばかりして

「『南無阿弥陀仏』と念仏を称えていると、阿弥陀仏と私の区別も一切の存在もなくなって、念仏の声だけがしています」という和歌ですが、これを聞いた法燈は「未徹在《みてつざい》（まだ徹底したさとりに入っていない）」と受け入れなかったそうです。「すべてを捨てて念仏に入ったというけれど、その念仏の声を聞いている自分がいるではないか。完全には捨てきれていない」ということです。

そこで一遍が差し上げたとされるのが本項で取り上げた和歌です。法燈は「よし、『自分』はなくなった、自力はなくなった」と満足し、一遍はさとりの境地に達していると認め、認めた証拠として手巾・薬籠を与えたというのです。

私はかつて「一遍伝」を書いたとき、この話を挿話として詳しく検討しました。ところがその後、この二つの和歌は一遍作ではなく室町時代の一鎮《いっちん》という人の作ではないかという説が出ました。これは江戸時代の元禄十五年（一七〇二）に刊行された『柴崎文庫』に出ている記事を根拠にしています。一鎮は時衆の六代目の指導者です。室町時代には時衆の教団が成立していました。一遍を開祖とするその教団は「時宗」と呼ばれました。

学界ではこれら二つの和歌は一鎮の作とする説が有力ですが、一般的にはいまだに一遍の作として理解されています。私は、残念ながらもう一遍の作とすることはできないだろう、ただしよく一遍の気持を理解して詠まれた和歌であると考えています。

《キーワード②『無量寿経』》

『無量寿経《むりょうじゅきょう》』は、阿弥陀仏の救いの力と、その住む世界である極楽浄土のすばらしさを説く経典です。無量寿とは阿弥陀仏の十二種類ある別名の一つです。阿弥陀仏は永遠の寿命（無量寿）を与えてくれる、という意味の名です。無量寿経の名称はこの別名に由来します。

『無量寿経』にはつぎのことが書かれています。阿弥陀仏はもと法蔵菩薩という名で修行する菩薩でした。そしてすべての人々を救おうと願う四十八種類の誓いを立て、それが実り、さとりを得て阿弥陀仏となりました。その誓いとは、自分に助けを求めた人間が、たった一人でも救われることがなかったら、自分はさとりを得なくてもいいというものでした。四十八願中の第十八願は念仏による救いを説いたものです。

『無量寿経』は序文と四つの本論および結語で構成されています。序文では、この教えは釈迦が霊鷲山《りょうじゅせん》で多くの弟子や菩薩の前で説いたものだと述べます。本論最初の章では、法蔵が五劫《ごこう》という非常に長い間修行したと説きます。第二の章では、現在から十劫《じっこう》の昔、修行の甲斐あってさとりを開き、阿弥陀仏となったとあります。またその住む極楽浄土がいかにすばらしいかも説きます。第三の章では、人が極楽浄土に生まれる方法を説明します。最後の章では、穢い現世を厭って極楽浄土を求めよと説きます。結語では、釈迦が極楽往生を勧め、弟子たちも喜びにひたったと述べて終わります。

Ⅲ

一遍とこころ

26 「捨てるというこころ」も捨てる

身《み》をすつる　すつる心を　すてつれば
おもいなき世《よ》に　すみぞめの袖《そで》

【現代語訳】 自分を捨て、捨てるというこころも捨ててしまえば、もう何もこの世の中に未練はありません。ただ出家の墨染めの衣を着ているだけです。

（『一遍聖絵《いっぺんひじりえ》』第五巻第三段）

一遍は弘安三年（一二八〇）、奥州をめぐる旅をしました。やがて、江刺郡《えさしぐん》（岩手県）に至って、祖父河野通信《こうのみちのぶ》の墓に詣でます。

河野通信は、伊予国《いよのくに》（愛媛県）の北部に本拠を置き、瀬戸内海の西部を支配した豪族で、強い海軍を有していました。当時の用語を使えば、水軍《すいぐん》または海賊です。彼らは船で運ばれる朝廷の年貢を奪い取ることもありました。そのため、朝廷から海賊と呼ばれることもあったのです。

通信は、源頼朝が伊豆国（静岡県）で平家打倒に立ちあがったとき、西国に平家を追ってきた弟の源義経に協力します。そして壇ノ浦において、海戦に自信をもっていた平家を、河野水軍中心の源氏方が全滅させました。以後、通信は伊予国の領地を広げ、鎌倉幕府初代執権北条時政《ほうじょうときまさ》の娘と結婚し、京都の朝廷にも親族を送り込み、大勢力となりました。

その後、幕府方と朝廷方が戦った承久《じょうきゅう》の乱《らん》において、通信とその傘下の河野一族の多くは朝廷方に味方しました。しかし朝廷方は敗れ、その結果、通信は死罪になるところを危うく免れて江刺に流されたのです。承久三年（一二二一）のことでした。

通信自身の領地をはじめ、河野一族の領地の大部分は幕府方に没収されました。そして通信は、まもなく流刑地で亡くなりました。その墓所は数十年前に岩手県北上市稲瀬町水越で発見されました。

一遍は通信没から五十九年後にその墓に詣でたのです。その最初の感想が『一遍聖絵』第五巻第三段につぎのように記されています。

「この墓所付近はいまではだれも生活していませんし、人家もありません。白楊《はくよう》が秋風にさらさら鳴っているなかに、かつて中国の東岱《とうたい》で皇帝が天地の祭りを行なった際の煙だけが残っている、そのような寂しい感じがします。祖父は中国の皇帝にも比べられるような繁栄ぶりであったと聞いていました。また、青く苔むした墓所にかかる夕方の雨は、中国洛陽《らくよう》の北東にある北芒山《ほくぼうざん》の墓地にかかっている雨露のようで、いずれも遺族の大粒の涙のようです」と。

この文章を書いた『一遍聖絵』の制作者である聖戒《しょうかい》は、中国古典について造詣の深い人であったようです。白楊というのはヤナギ科の植物の名称で、日本語ではハコヤナギまたはヤマナラシともいいます。一般的に見るヤナギのようには枝は垂れておらず、しっかりした幹で枝には小さな葉がたくさんついています。その葉がわずかな風にも揺れて鳴るのでヤマナラシというそうです。

東岱とは泰山《たいざん》とも呼ばれ、中国山東省の中部にある名山で、標高一五二四メートル、古来、天子が祭祀を行なった神聖な山です。

本稿の和歌では、まず祖父のように現世の繁栄もまったく空しいものだ、あらかじめすべてを捨てようとこころを決めて、私のように墨染めの衣で生きるのがよいのです、と一遍は述べています。

でも、「捨てたというこころ」が残ると、そのこころが変化して「捨てたことを後悔するこころ」になってしまうかもしれません。そこで「捨てたというこころ」も捨ててしまおう、というのが一遍の考えです。

「それなら、もうもとに戻ることはないでしょう。捨てたことを後悔することもないでしょう。平静な気持でいられるでしょう。その気持をいまの私の墨染めの衣が表わしているのです」。一遍は本項の和歌でこのように説きました。

㉗ 夢と現実と

世《よ》の中《なか》を　すつるわが身も　ゆめなれば
たれをかすてぬ　人とみるべき

【現代語訳】 世の中を捨てる私も夢の中の存在なのですから、現実ではありません。いったいだれを捨てない人だとみればいいのでしょうか。自分について確実なことはわからないのですから、他の人のことはわかるはずがありませんよ。

（『一遍聖絵』第五巻第三段）

夢。平安時代から鎌倉時代の人たちにとって、夢は現実の世界の延長上にありました。それだけでなく、自分の人生に指針を与えてくれるものとさえ考えることが多かったのです。

平氏が政権を握っていたときには右大臣、鎌倉に源頼朝の幕府ができるとこれと結んで摂政から関白に昇りつめた、九条兼実《くじょうかねざね》という貴族がいます。

その兼実は、寿永三年（一一八四）の『玉葉《ぎょくよう》』で、「今朝の三、四時ころ、家来の資博《すけひろ》がもっともすばらしい夢を見たと言ってきました。自分（兼実）にはご先祖の藤《ふじ》原《わら》鎌足《のかまたり》のお助けがあるそうです」と喜んでいます。『玉葉』は兼実の日記です。

藤原氏の祖である鎌足の加護があるといえば、藤原氏の中ではこの上ない名誉です。

また兼実の妻の藤原兼子《かねこ》は、夫が鎌足の生まれ変わりという夢を見て、夫が仕事を懸命に行なっているのは国の建設に努力した鎌足のこころが受け継がれているためか、と納得したそうです。兼実は、この夢をこれまた喜び、詳しく自分の日記に書きこんでいます。

源頼朝の妻北条政子《ほうじょうまさこ》は、若いころ、妹が吉夢を見たというので、妹に自分の小袖などを与えてその夢を買い取りました。このころ、吉夢を買うと自分に幸せがくると思われていたのです。まもなく、頼朝は政子の妹が美人と聞いて恋文を送ったのですが、その手紙を持った家来が間違って政子の所に届けてしまったのだそうです。おかげで政子は将軍の妻になれたといいます。政子が買った夢が幸運を運んできたのです。この話は、鎌倉末期に編纂されたとみられる『曽我物語《そがものがたり》』にあります。

浄土真宗の親鸞は、二十九歳のとき、京都六角堂《ろっかくどう》の観音菩薩から、「前世からの因縁によって結婚することになるのだったら結婚しなさい。私が妻になり、現世ではよい生活をさせようし、臨終の時には手を取って極楽浄土へ導いてあげよう」と夢のお告げをもらって、喜んだそうです。この話は、親鸞の妻恵信尼《えしんに》の書状にあります。

その恵信尼も、三十三歳のときに、夫の親鸞は観音菩薩の生まれ変わりであるという夢を見ています。夢の中で、掛軸に仏の絵が描いてあるのを見て、「あれはどなたですか」と尋ねたところ、「あれは観音様ですよ。あれこそ親鸞さんですよ」という声が空中からありました。恵信尼は驚き、感動し、以後そのことを生きる支えにします。

また華厳宗《けごんしゅう》の明恵《みょうえ》は、夢を見るたびに記録しました。それらは『夢記《ゆめのき》』としてまとめられています。

夢は現実社会の導き、というのが鎌倉時代の人たちの考え方でした。一遍も、信濃《しなのの》国善光寺《くにぜんこうじ》・紀伊国熊野本宮《きいのくにくまのほんぐう》・大隅国正八幡宮《おおすみのくにしょうはちまんぐう》・摂津国四天王寺《せっつのくにしてんのうじ》など各地の寺院と神社に参籠して夢のお告げをもらっています。

他方、一遍は、「夢が現実の延長であり、導きとなるのだったら、逆にこの現実の人生も夢の延長でしょう。私はすべてを捨てたつもりですが、それも夢の中のことですから、確実なことはなんだかわからなくなります。まして捨ててはいないとして他の人をとがめることはできません」と考えていました。それを詠んだのが本項で取り上げた和歌です。これは前項同様に、一遍が奥州江刺で祖父通信の墓所に詣でたときに詠んだものです。

このとき一遍は、「お師匠様はすべてを捨てたといっているけれど、ほんとうには捨てていないのじゃないですか」と門弟からの質問を受けたのではないでしょうか。本項はそれに対しての一遍の返答であったと思われます。

28 夢も現実も超えて

郭公《ほとゝぎす》　なのるもきくも　うたたねの
ゆめうつつより　ほかの一声《ひとこえ》

【現代語訳】「南無阿弥陀仏《なむあみだぶつ》」の声を、ほととぎすの魅力的な声と思って受け取っているのでしたら、それでは現世の夢からさめることはできません。ほんとうの「南無阿弥陀仏」は、夢も現実も超えた一声と聞かなければなりません。そこにこそ救いがあります。

（『一遍聖絵』第七巻第二段）

一遍が夢をどのように考えていたか、ここでもう一つ見ていきたいと思います。

弘安七年（一二八四）、東海道を上ってきた一遍は四条《しじょう》京極《きょうごく》の釈迦堂《しゃかどう》に入り、京都の人たちから大歓迎を受けました。この二年前鎌倉で一遍の人気が沸騰し、その勢いそのままに上京してきたからです。京都の人々にその噂が伝わっていたのです。一遍は釈迦堂に一週間ほど滞在して大歓迎を受け、ついで因幡堂《いなばどう》に移りました。ここにも多くの参詣者がありました。

因幡堂にいたとき、噂を伝え聞いた土御門《つちみかど》入道《にゅうどう》通成《みちなり》という前の内大臣が、一遍の教えを受けにやってきました。彼の祖父は同じく内大臣で、後鳥羽天皇のもとで大勢力を振るった土御門通親《みちちか》でした。通親は政治的な策謀にすぐれており、摂政から関白に昇って権力を振るった九条兼実と長い間争い、ついに兼実を朝廷から追い払ったほどでした。彼は摂政や関白にも等しい権力を握りましたが、藤原氏ではなく源氏だったので摂政・関白にはなれませんでした。代わりに、中国での関白の名称「博陸《はくりく》」を使い、源博陸《げんはくりく》と呼ばれました。

通親の子孫たちは土御門・久我《こが》・中院《なかのいん》を称し、彼らも鎌倉時代の朝廷の中で隠然たる勢力を有していました。その大貴族の一人である土御門通成が、帰宅後、つぎのような和歌を一遍に送ってきました。

一声を　ほのかにきけど　ほととぎす
　なおさめやらぬ　うたたねのゆめ

意訳すると、「魅力的なほととぎすの一声のような、大切な『南無阿弥陀仏』の一声をほのかにお聞きしました。でも私はまだこの世に未練が残り、それが夢のようにはかないことだと知りつつ、心地よいうたたねからさめないように迷いから抜け切れないのです」となります。

土御門入道はすでに出家しており、この世は夢のようにはかないものであり、この世を捨てることの重要性は理解しています。でもなお、この世に対する執着心は捨て切れないでいたのです。そこへ現われた捨聖《すてひじり》一遍に惹きつけられるものを感じ、和歌で悩みを述べたのです。この土御門入道の悩みに対し、一遍もまた和歌で答えました。それが本項の和歌で、夢を捨てるようにと説いています。一遍は時と場合によって、夢の扱いを変えています。

二年後の弘安九年（一二八六）、一遍は尼崎にいました。そこへ土御門入道がまた和歌を送ってきました。

ながき夜の　ねぶりもすでに　さめぬなり
　六字のみなの　いまの一声

（長かったこの夜の眠りも夢とともにさめました。いま聞こえる「南無阿弥陀仏」の名号のおかげです。）

一遍、さらには時衆《じしゅう》（門弟たち）と土御門家との関係はこれを縁に密接となりました。それで、後の『一遍聖絵』の制作に土御門家が援助をした気配です。

ほととぎすは鳩より少し小型の鳥です。頭と背中が灰色、翼と尾羽が黒褐色、胸と腹が白色で黒い横しまがはいっています。目の周りは黄色く取り囲まれています。春五月ころにインドシナ半島方面から飛んでくる渡り鳥です。

ほととぎすは夜に鳴くこともあります。それのため、夜の眠りやうたたねなどとからめた歌がさまざまに詠まれました。

㉙ 決心できないこころと環境

捨《す》てやらで　心《こころ》と世《よ》をば　なげきけり
野《の》にも山《やま》にも　すまれける身《み》を

【現代語訳】どうしても捨てる決心がつかない自分のこころと、そのような自分にしている環境とを嘆いている人がいます。思い切って両方ともに捨ててしまえば、野でも山でもどこででも生きていけるというのに。

（『遊行上人縁起絵《ゆぎょうしょうにんえんぎえ》』第一巻第二段）

建治二年（一二七六）、一遍は和歌山県の熊野本宮《くまのほんぐう》に参詣して「六十万人《ろくじゅうまんにん》の頌《じゅ》」（15～16頁参照）と「十一不二《じゅういちふに》の頌《じゅ》」（26～27頁参照）に示される信仰の深い境地を得ました。すなわち、すべてを捨てて名号のみに生きるべきこと、極楽往生は「南無阿弥陀仏」の声の中で成ることなどです。

この境地を得た一遍は、その後、十三年にわたる布教生活に生きたのです。『遊行上人縁起絵』には、つぎのように述べられています。

本願《ほんがん》の名号《みょうごう》を荷《にな》いて、国々を修行し、遍《あまね》く衆生《しゅじょう》に念仏をすすめ給《たま》う。

（阿弥陀仏の誓いが込められた名号を持って各地をめぐり、広く人々に念仏を勧めました。）

しかし、一遍に共鳴し、すべてを捨てようと思ってもなかなか決心がつかない人もいました。そして、どうしても決心をつけることができない自分のこころを「優柔不断」と嘆き、またそれを自分が置かれた環境のせいにして、その環境を嘆いてしまいます。

一遍はその人たちに対して、「決心すれば、どこででも楽に生きていけるのですよ」と教えているのです。

㉚ こころがあてにならない

こころより　こころをえんと　こころえて
心にまよう　こころなりけり

（『一遍聖絵』第四巻第五段）

【現代語訳】　自分のこころをはっきりつかもうとこころで思っても、はっきりつかめずに悩む私のこころなのです。

ある僧が、一遍につぎのように問いかけました。

「信仰はこころが大事ですよね。こころがしっかりしていれば服装や態度など問題ではありませんよね」と。

「こころさえしっかりしていれば大丈夫だ」というのはよく聞く言葉です。この僧もそのように心得ていたのでしょう。

これに対して、「いや、そのこころが問題なのです。自分のこころは、服装や態度など問題ではないとほんとうに思っているのか。また極楽往生の邪魔になるという執着心を捨てた生活を、ほんとうに一生続けたいと思っているのか。捨てたいのか、ほんとうは捨てたくないのか。私のこころはどちらなのか、はっきり知りたいと思っても、そのこころはどちらなのかつかみかねているのです。こころはしっかりしているようでもあてになりません」というのが、一遍の答えです。

つまり、こころに最終的な決定権を与えること自体、無理なのです。決定権を持っているのは「南無阿弥陀仏」という名号なのです。名号にすべてを任せれば自ずから道は開けます。一遍はそのように説いています。

㉛ 念仏は迷うこころの道案内

とにかくに　まようこころの　しるべには
なも阿弥陀仏《あみだぶ》と　申《もう》すばかりぞ

（『一遍聖絵』第十巻第一段）

【現代語訳】　あれがいいか、これがいいかと迷ってしまうこころの道案内は、「南無阿弥陀仏」と称えることで、それ以外にありませんよ。

弘安十年（一二八七）、備中国軽部宿《びっちゅうのくにかるべのしゅく》にいた一遍に、「花の本《はなのもと》」の教願《きょうがん》という人が、「四十八日間ご一緒に念仏を称え、一遍上人に縁を結びたい」と願い出ました。

軽部宿というのは現在の岡山県総社市清音軽部で、そこには伝統ある軽部神社が鎮座しています。軽部は宿場町でした。同時に門前町でもあってにぎわっていたと考えられます。

「花の本」というのは、朝廷がもっとも優れた連歌師に与えた称号です。同時期には一人しかいない、名誉ある称号でした。

連歌は和歌の一形式で、ある人が詠んだ上の句（五七五）に、別の人が下の句（七七）を続け、さらに別の人が五七五、また別の人が七七と、複数の作者が連作する詩です。平安時代から鎌倉時代にかけて盛んになりました。

連歌は前の句（五七五あるいは七七）の雰囲気を継承し、同時に新しい見方なり状況なりにして後の句を詠まなければなりません。そのようにして内容を展開させていくところにおもしろさがあるとされました。そして連歌は百句続けるのが一つの単位となっていました。これを百韻といいます。興に乗ると、百句を十回、千句詠むこともあったようです。

連歌の会は、南北朝時代や室町時代には、武士が戦場で戦闘が開始されるまでの暇つぶしとしても盛んに行なわれました。その際には戦闘の勝利を占い、祈るという意味を込めることが多かったといわれています。

歌は、こころを込めて詠めば、神仏の助けがあると信じられていました。つまり、神仏にこころを込めて祈りながら詠むと、戦闘の勝利あるいは敗戦を示すような句が自然に口をついて出てくると信じられていたのです。武士たちはそれに従って戦場に向かい、あるいは後退したりしたのです。連歌は遊びでありながら、単なる遊びではなかったのです。

平安後期の後白河上皇の『梁塵秘抄口伝集《りょうじんひしょうくでんしゅう》』にも、「この今様《いまよう》は、昨日今日始まった歌ではありません。神社や寺院でこころを込めて詠むと、神仏が出現してお告げをくださり、望みがかなわないということがありません」とあります。

「今様」というのは当時の流行歌のことで、七五調が主流です。七五調は人のこころをわき立たせます。和讃も七五調のものが圧倒的に多くあります。

鎌倉時代においても、武士たちは戦勝を祈願しながら連歌の会を催しました。その連歌師でもっとも権威ある称号の「花の本」を持っている教願《きょうがん》は、一遍と四十八日間一緒に過ごした後も帰りませんでした。病気で、臨終を覚悟しなければならない状態だったからです。彼はひたすら臨終のための工夫をしました。そしてなかなか思うとおりにならない自分のこころについて、一遍に和歌で訴えました。

とにかくに　まようこころの　しるべせよ
　　いかにとなえて　すてぬちかいぞ

（ああでもない、こうでもないと不安で迷ってしまう私のこころをお導きください。どのようなこころがけで「救いとって捨てない」という阿弥陀仏の名号を称えればよいのでしょうか。）

教願はまもなくの臨終を予感し、不安だったのです。

それについて、一遍も和歌で答えました。それが本項の冒頭にあげた和歌です。

「こころ」を頼りにせずにただ念仏を称えなさい、ということです。教願はそのとおりにして、無事往生を遂げたとされます。

㉜ ただすなおに感動を

はながいろ　月がひかりと　ながむれば
こころはものを　おもわざりけり

（『一遍聖絵』第六巻第一段）

【現代語訳】 花は色が美しい、月は光がきれいだとすなおに感じていれば、人のこころは悩むことなどないものですよ。

弘安五年（一二八二）三月、一遍は相模国《さがみのくに》の片瀬《かたせ》の浜の地蔵堂で念仏を称えていたところ、多くの参詣人がありました。四十四歳の時です。三月の末には紫雲が立ち、花が降り始めるという奇瑞《きずい》（吉事の前兆）があったといいます。参詣の人の中には、「これはいったいどういうことですか？　ほんとうの奇瑞ですか？」などと疑う人たちがいました。（67頁参照）

このような奇瑞には、①空に紫雲が立つ、②天から花が降る、③妙なる音楽が聞こえてくる、④よい香りがただよってくる、という四種類ありました。だれかの臨終のとき、このような奇瑞が現われれば、その人は極楽往生疑いなしとされました。臨終でなくても、奇瑞は極楽をめざす行ないが間違っていないという証拠とみなされました。

それに対して一遍は、「花が美しければ美しい、月の光がきれいならきれいと、ただ感動していればいいのですよ。ほんとうか嘘かなんて思い悩む必要はありません。極楽往生はこころが状況を判断して決めるものではありませんから」と強く言い切ったのです。「ながむ」というのは、「ぼんやりと見ている」という意味です。何も考えなければこころが動揺することもないのです。

33 こころは水の泡と同じ

すみすまぬ　こころは水の　泡《あわ》なれば
消《きえ》たる色や　むらさきの雲

【現代語訳】澄んだり濁ったりするこころは水の泡と同じです。何も思わなければ色はつかず、来迎《らいごう》の印《しるし》の紫の雲が映るでしょう。

（『一遍上人語録《いっぺんしょうにんごろく》』上巻）

一遍は、弘安七年（一二八四）、鎌倉から東海道を上って京都に入りました。その直前の近江国草津《おうみのくにくさつ》（滋賀県）にいたとき、比叡山の横川《よかわ》から真縁《しんねん》（心縁）という人が一遍を訪ねてきました。

真縁は俗名を平輔兼《たいらのすけかね》といい、後嵯峨天皇の寵臣でした。天皇は幕府のあと押しで即位しました。そして上皇となって院政を開くと鎌倉幕府と手を結んで朝廷政治に強力な指導力を発揮しました。それは二十四年間に及び、後嵯峨院政は鎌倉時代中期の政局安定に大いに貢献しました。

上皇の有力な若手近臣であった真縁は、後嵯峨上皇が出家引退すると、現世に望みを絶って同じく出家し、比叡山延暦寺に登りました。鎌倉時代後期に書かれた『五代帝王物語《ごだいていおうものがたり》』という歴史物語に、真縁は、「優れたとても徳の高い僧となり、心縁《しんねん》上人と呼ばれて政治的にも大きな力を持ち、多くの人々を指導していました」とあります。比叡山でも有力な政治家として活躍したのです。

念仏布教の旅に出てから十年、このころ一遍の名はようやく広まり始めました。そのことで延暦寺は、一遍を警戒するようになっていました。近江国には延暦寺の荘園が多く、そこでは一遍に帰依することを禁止する通達さえ出ていました。

そのような状況の中で、各地から一遍のよい評判が聞こえてきたので、延暦寺としても判断を改める必要があるのではないかという見方が生まれつつありました。そこで延暦寺は、政治家である真縁に様子を見に行かせ、その判断に任せたのでしょう。

真縁は、一遍は優れた人物であると判断しました。さらに延暦寺領の人たちのこころを乱すものでもないと結論づけたのです。その結果、延暦寺の方針は転換されました。延暦寺領内での一遍の布教は保障されたのです。

その後、真縁から送られてきた手紙に対する返事のなかで、一遍は阿弥陀仏の名号の力の優れていることを説きました。

「南無阿弥陀仏の六字名号の外に、私の身体やこころはありません。この名号はすべての人々に広がっています。名号も身体もこころも一つです。すべては一つなのです」というものです。

その一遍からの返事を読んで真縁はつぎの和歌を詠み、一遍に送りました。和歌は、やわらかく自分の主張を相手に伝える、日本独特の交流方法です。

すみすまぬ　こころの水の　色々に
　うつりうつらぬ　雲のみゆらん
（私のこころを水にたとえると、ある時にはその水が澄んで紫雲が映る気がすることがあります。ある時には濁り、当然、紫雲は映る気がしません。私はどのようにすればこころを落ち着けることができるでしょうか。）

その悩みに対する返事が本項の初めに取り上げた和歌です。一遍は、「こころは水の泡のようなものです。泡はすぐ消えてしまうし、価値がありません。その泡が消えた後の穏やかな状態こそ紫雲なのです」と詠います。

こころは捨てなければなりません。そうしないと「こころ」を惑わす泡が次々に生まれて「こころ」を悩ませます、と説いているのです。

一遍と真縁とは何回も文通を繰り返したことになります。お互いに相手の人間性を評価していたのではないでしょうか。また一方では、真縁も自分のこころというものを持て余していたであろうことも推測されます。

㉞ 踊りたければ踊りなさい

ともはねよ　かくてもおどれ　こころこま
みだのみのりと　きくぞうれしき

（『一遍聖絵』第四巻第五段）

【現代語訳】　ともかく、跳ねたければ跳ね、踊りたければ踊りなさい、こころの中の春駒よ。阿弥陀仏の救いの教えを聞くのは、跳ねたくなるようにうれしいものです。

たびたび取り上げてきた、阿弥陀信仰の基本的な経典の一つである『無量寿経《むりょうじゅきょう》』に、

むかし世尊を見たてまつりしものは、すなわちよくこの事《こと》を信じ、謙敬《けんきょう》して聞きて奉行《ぶぎょう》し、踊躍《ゆやく》して大いに歓喜《かんぎ》す。

（昔、釈迦にお目にかかった者は、その推薦する阿弥陀仏の教えをすぐ信じ、謹んで敬ってその教えのとおりに行なった結果、身体が踊り出すほどの喜びに包まれました。）

とあります。この文が踊り念仏の教理的根拠になっています。

また『法華経《ほけきょう》』にも、「舎利弗《しゃりほつ》、踊躍歓喜《ゆやくかんぎ》し」などとあります。舎利弗とは釈迦の十大弟子の一人で、「智慧第一の弟子」とされます。

「踊躍」は「激しく動いて踊り、跳ね上って躍ること」という意味ですが、それはこころの中の興奮や喜びを示したもので、実際に跳ね回ることではないと伝統的には解釈されてきました。喜びの気持を大騒ぎして表わすのははしたないという判断だったと思われます。しかし一遍は実際に跳ね回ってしまったのです。名号の救いにあずかったうれしさを身体で表わしたのです。老いも若きも、男も女もです。恥ずかしい

という気持を捨てて、すなおに喜ぼうという気持でした。

ところで一遍は、弘安七年（一二八四）、近江国守山《もりやま》の閻魔堂《えんまどう》に滞在していました。現在の滋賀県守山市閻魔堂町です。

そこへ比叡山延暦寺東塔桜本《とうとうさくらもと》の兵部竪者重豪《ひょうぶじゅしゃちょうごう》が一遍の様子を見にやってきました。前項で述べたように、このころ一遍はかなり有名になっていたので、「どんな男だろう」という関心でやって来たようです。

すると、たまたま踊り念仏が行なわれていたのを見て驚き、「念仏はこころ静かにまじめに称えるべきもので、踊りながら大騒ぎをして称えるのはよくないことです」と、感想を一遍に伝えました。率直に踊り念仏を批判したのです。従来の伝統的解釈からの発言でした。

一遍は和歌で答えました。

はねばはねよ　おどらばおどれ　はるこまの
　のりのみちをば　しる人ぞしる

（教義的な堅苦しいことは言わずに、跳ねたければ跳ねればいいではありませんか。踊りたければ踊ればいいではありませんか。春の野で駆け回る若駒のように。仏の教えの道を知っている人は知っているのですから、形式にこだわる必要はありますまい。）

すると重豪も和歌で、また批判してきました。

心《こころ》こま　のりしずめたる　ものならば

さのみはかくや　おどりはぬべき

（仏の教えを知って安心し、暴れたり悩んだりするこころの駒を乗り鎮めることができたのなら、こんなに踊り跳ねて念仏を称えるべきではないでしょう。）

これに対して、さらにまた一遍が返した和歌が本項の最初にあげた和歌です。その和歌によって一遍の考えが正しいと気づき、重豪は比叡山を下り、念仏の行者になって過ごしたそうです。

なお、この話は『遊行上人縁起絵』にもあり、踊り念仏に対する批判の和歌を詠んだのは桜本兵部阿闍梨宴聰《あじゃりえんそう》という人物であったとされています。『遊行上人縁起絵』の制作者は、明らかに『一遍聖絵』を読んでいるのですが、名前を重豪から宴聰に変えたのは、何か意図的なものがあったと思われます。

㉟ ともに極楽をめざす

くもりなき　そらはもとより　へだてねば
こころぞにしに　ふくる月景《つきかげ》

【現代語訳】 仏教ではすべての人を平等に扱いますから、明るい夜、西に傾く月と一緒に皆のこころも西方極楽浄土に向かうのです。あなたもともに極楽をめざしましょう。

（『一遍聖絵』第六巻第三段）

弘安五年（一二八二）、鎌倉の西郊外、片瀬の浜の地蔵堂に逗留している一遍に、ある人物から手紙が送られてきました。それは鎌倉の詫間《たくま》という所に住んでいる法印公《ほういんこう》朝《ちょう》という人物からでした。本格的な漢文の手紙でしたが、その最後につぎの和歌が記されていました。

くもりなき　そらにふけ行《ゆく》　月《つき》もみよ
　　こころはにしに　かたぶける身《み》を

意訳すると、「雲一つなく晴れ渡った空に、西に傾いていく月であるあなたもご覧ください。その月の教えでこころが西方極楽浄土に傾き、惹きつけられていく私のことを」となります。

このころ、一遍は優れた念仏僧として鎌倉の内外で急に知られるようになりました。その一遍に、悩み多かった公朝は魅力を感じました。そして極楽浄土にしっかりと導いてほしいとの願いを込めて一遍に手紙を送ったのです。

この公朝の願いに対して送った一遍の手紙に記してあったのが本項の和歌です。公朝とはその後もつき合いがあったようです。

《キーワード③『一遍聖絵』と『一遍上人語録』》

『一遍《いっぺん》聖《ひじり》絵《え》』は、一遍の伝記絵巻です。鎌倉時代の正安元年（一二九九）、一遍没後十年目に聖戒《しょうかい》という人物によって制作されました。全十二巻、国宝に指定されています。

聖戒は一遍の弟とも甥ともいわれますが、一遍の門弟であったので、『一遍聖絵』中にも登場します。『一遍聖絵』には、基底に、人間一遍に対する聖戒の強い個人的な哀惜の念が流れています。そのため、通常の高僧伝に見るような奇跡談や一遍を過度にほめたたえる傾向は希薄です。また背景となる景色や人々の様子も丁寧に描かれ、歴史研究の優れた資料ともなっています。

『一遍上人《いっぺんしょうにん》語録《ごろく》』は、一遍の法語・手紙・和讃・和歌を集めたものです。初版は、江戸時代の宝暦十三年（一七六三）、上下二巻で出版されました。一遍の語録集には、鎌倉時代末期～南北朝時代の筆写である金沢文庫本『播州《ばんしゅう》法《ほう》語《ご》集《しゅう》』や清浄光寺本『播州法語集』、室町時代の『一遍《いっぺん》念仏《ねんぶつ》法《ほう》語《ご》』等があります。

『一遍上人語録』上巻は、『一遍聖絵』とそれに引き続いて制作された一遍の伝記である『遊《ゆ》行《ぎょう》上人《しょうにん》縁起《えんぎ》絵《え》』（原本は失われ、多数の写本が現存）という絵巻物に題材を求めています。下巻は『播州法語集』等の法語類に題材を求めています。しかし出典が不明の法語もあります。

『一遍聖絵』も『一遍上人語録』も、一遍研究の貴重な史料です。

Ⅳ——一遍の最期

36 まるで秋の爽やかな風が……

おもうこと　みなつきはてぬ　うしとみし
よをばさながら　秋のはつかぜ

【現代語訳】 したいことはいろいろありましたが、いまはもう、まったくなくなりました。この世は煩わしいことが多いところでしたが、いまはまるで秋のさわやかな風が吹き始めたようです。

（『一遍聖絵《いっぺんひじりえ》』第十一巻第一段）

一遍は臨終が近くなったとき、すっかり澄み切った気持を表わした和歌を二首、残しています。その一つが本項で取り上げた和歌です。

正応二年（一二八九）六月一日、一遍は阿波国大鳥《あわのくにおおとり》の里河辺《かわべ》という所にいました。現在の徳島県石井町白鳥、あるいは同県吉野川市鴨島町にある河辺寺跡付近と推定されています。

一遍はこの二か月後に亡くなっています。もうかなりの病身となっていました。この阿波国に来る前は、讃岐国《さぬきのくに》の善通寺《ぜんつうじ》・曼荼羅寺《まんだらじ》（いずれも香川県善通寺市）などを巡礼していたのです。

大鳥の里に来る前、遊行中に一遍はつぎのような感想を漏らしました。

機縁《きえん》すでにうすくなり、人教誡《きょうかい》をもちいず。生涯いくばくならず死期《しご》ちかきにあり。

（皆との縁は薄くなってしまいました。だれも私の教えや戒めを受け入れようとはしません。私の人生の残りもあまりなく、まもなく死にます。）

これを聞いた門弟たちは「どうしたんだろう、ずいぶん弱気になっていらっしゃる」

と不審に、また不安に思ったそうです。

一遍が「人教誡《きょうかい》をもちいず」と述べた具体的状況についてはわかっていません。思うように布教の成果が上がっていない状況だったのでしょうか。また門弟たちも、「南無阿弥陀仏」と念仏さえ称えていればよいはずなのに、師匠一遍に「死期《しご》ちかきにあり」と言われて心細くなってしまったということでしょう。

やがて一行は大鳥の里に到着、六月一日からさらに一遍の病状は悪化しました。それは、「こころの状態がふだんと異なっているようで、また睡眠や食事があまり取れていないようです」というような状態でした。

一遍は臨終を覚悟したのです。そして歌を詠んだのですが、そのときこころに浮かんでくるのは、「あのようにしたかった」とか「もう一度あの人に会いたい」などと、執着心にまつわる事柄ではなかったのです。「もう何もいらない。この世に未練はない」ということでした。

旧暦のこのころは、まさに梅雨時の真っ最中で、年によっては梅雨の後期に入りかかった、一年でいちばん湿気の強い時期でもあります。とても生活しにくい毎日です。体力が弱っていた一遍にしてみれば、苦しかったはずです。一遍は、そのような中でこの和歌を詠みました。

捨聖《すてひじり》に徹していたはずの一遍にとっても、やはり人生は煩わしく、憂いに満ちた、四苦八苦に取り囲まれているものでした。一遍はそれを、季節でいうとむし暑い夏にたとえました。

その暑さの中で初めて秋風に出会ったときの爽やかさ。それは現代でも変わりません。立秋のころに吹く涼しい風は、ほんとうにほっとさせてくれます。臨終を覚悟し、すべてを捨てきった一遍の身心を包んだのは、むし暑い夏の中ではじめて吹いた秋風の爽やかさでした。むろん、実際に秋風が吹いているのではありません。この正応二年六月二日は、西暦では一二八九年六月二十八日ですから、まだ湿気の強い梅雨の真っ最中でした。にもかかわらず、一遍の心境が秋風のような涼しさを感じさせているのです。

これは一遍にとっても思いがけない体験だったようです。捨聖としての一生は間違っていなかったと感じられたと思われます。

37 煩わしさを超越した心境

名《な》にかなう　こころはにしに　うつせみの
もぬけはてたる　声ぞすずしき

【現代語訳】 私のこころは西方浄土に向かっています。そしてすべてを捨て去って、文字どおりセミの抜け殻のようになった私の声は、とても涼しく念仏を称えています。

（『一遍聖絵』第十一巻第一段）

臨終近くになってすっかり澄み切った一遍の心境を表わした二つ目の和歌です。一つ目の和歌を詠んだ時期から一か月ほど過ぎた正応二年（一二八九）七月の初め、一遍は淡路国二宮神社《あわじのくにのみやじんじゃ》にいました。

旧暦で七月初旬といえば、現代なら八月の初旬、まだまだむし暑い時期です。二宮神社は、現在の兵庫県淡路市に鎮座する大和大国魂神社《やまとおおくにたまじんじゃ》のことです。祭神はイザナミの尊《みこと》でした。もとは阿弥陀仏であったと一遍は説いています。

平安時代に朝廷では全国の有名神社を調査して、神領の広さや、神威があらたかかどうかなどを判断材料にして、上から大社・中社・小社の三段階に分けました。大社の中でも、さらに大きな神社を名神大社《みょうじんたいしゃ》としました。一か国の中での名神大社の数は、常陸国の七社を最高にして、少ない国では一、二社でした。淡路国二宮神社は名神大社でしたから、とても大きな神社だったのです。

この神社のあり方に感銘を受けた一遍は、つぎのように言っています。

出離生死《しゅつりしょうじ》をばかかる神明《しんみょう》にいのり申《もう》すべきなり。世《よ》ただしく人すなおなりし時、勧請《かんじょう》したてまつりしゆえに、本地の真門《しんもん》うごくことなく、利生《りしょう》の悲願あらたなるものなり。

現代語に訳すと、「この迷いの世界を出て極楽往生を期すためには、このような神社の神に祈るべきです。この神社の神は、世の中が正しく動いていて、人は素直であった昔にご来臨なさいましたので、阿弥陀仏の真実の教えはしっかりとしていて、人々を救おうという阿弥陀仏の悲願はいっそうありがたく感じられます」となります。

この淡路国二宮神社は、もと、高台で西向きに建てられていたそうです。海からは正面に神社が見えるわけです。海上を通る船に乗っている人たちが二宮神社に拝礼をしていかないと、神が怒ってその船を難破させたそうです。人々は困り、神社の建物を南向きにしました。すると怒りはなくなり難破もなくなったそうです。日本の神々の本質の一つは「怒り」ですから、このような話は各地に伝えられています。

ちなみに、人々は神々の気持をなだめ、怒らないように、そして神々の大きな力でお恵みをくださるようにと祈ったのです。

「世《よ》ただしく、人すなおなり」という文も、まさに神道の言いまわしで表現されています。神道で説くところの理想的な社会と人のあり方です。一遍の念仏信仰がいかに在来の伝統的信仰に密着して展開していたかがわかります。

なお、「真門《しんもん》」とは仮門《けもん》に対する言葉で、阿弥陀仏の真実の法門という意味です。ただ浄土真宗でいう「真門」は、阿弥陀仏にすべてをゆだねる他力念仏ではなく、自力で念仏を称える教えのことを指しています。他力念仏のことは「真実」といいます。

さて、このころ一遍は病身だったのですが、二宮神社ではすっかり気持が安定していた様子です。そこで和歌を詠んで板に書きつけ、その板を神社の建物の正面に打ちつけました。それが、本項で取り上げた和歌です。

ここではまず、悩むことの多かった自分のこころについての心境が吐露されています。続いて、現世に対する執着心がなくなってしまったことや、文字どおりセミの抜け殻のような状態であることを述べます。そして、その自分が称える念仏の声は、このむし暑い時期を超越した、とても涼しげな声に聞こえます、と詠っています。

一遍にとって理想的な境地とは、七月末から八月初めの夏のむし暑さ（それはこの世の苦しさ・煩わしさを象徴しています）の中で、それを超越した涼しい気持で称える念仏だったのです。

㊳ 自ら積極的に念仏を

みずから一念発心《ほっしん》せずよりほかには、三世諸仏《さんぜしょぶつ》の慈悲も済《すく》うことあたわざるものなり。

【現代語訳】 自分から積極的に念仏を称えて救われようという気持を起こさなければ、過去・現世・未来と無数に存在する仏たちの慈悲の力をもってしても、その人を救うことはできないのです。

（『一遍聖絵』第十一巻第四段）

正応二年（一二八九）八月二日、一遍は多くの時衆《じしゅう》（門弟たち）や参詣の人たちに遺言を与えました。場所は兵庫観音堂です。現在の神戸市兵庫区松原通の時宗《じしゅう》・真光寺がその跡です。ここに至る間、一遍は時衆の態度に危惧を感じていました。それは「ほんとうに極楽へ往生したいと思っているのだろうか」という危惧です。

時衆の中には問題のある修行生活を送っている者もいたようです。信仰心の浅い者や、名号をほんとうには大切にしていない者、男女の愛欲にこころを奪われている者などです。

一遍は、特に男女の愛欲について「十二光箱《じゅうにこうばこ》」を作ってそれを防ごうとしました。十二光箱とは食器や袈裟など十二種類の生活用具を収める箱型の笈《おい》です。この笈を時衆が背負って歩きました。室内で休憩・就寝のときには、それを男女の間に置いて両者を分けました。

時衆は常時数十人いましたが、中には生活のために入ってきている者もいたでしょう。時衆の仲間に入っていれば、貧しくとも食事にはありつけたからです。

結果、苛立たしく感じられる時衆が増えていったようです。なぜ救われようという気持を強く起こし、名号のみに生きようとしないのか。またその気持を持ち続けようとしないのか。時衆の統率者であるかぎり、一遍はこのような気持を持たざるを得なかったでしょう。それがとうとう遺誡《ゆいかい》という形になったものと推定されます。

その遺誡はつぎのような文から始まります。

五蘊《ごうん》の中に衆生《しゅじょう》をやまする病《やまい》なし。四大《しだい》の中に衆生をなやます煩悩《ぼんのう》なし。但し、本性《ほんしょう》の一念にそむきて、五欲《ごよく》を家とし、三毒《さんどく》を食《じき》として三悪道《さんまくどう》の苦患《くげん》をうくること、自業自得果《じごうじとくか》の道理《どうり》なり。

「五蘊《ごうん》」というのは、人を成り立たせている五つの構成要素のことです。物質と精神です。その五つとは、色蘊《しきうん》・受蘊《じゅうん》・想蘊《そううん》・行蘊《ぎょううん》・識蘊《しきうん》です。それぞれ、色蘊とは物質で、受蘊とは感覚、想蘊とは表象、行蘊とは意思の形成力、識蘊とは認識作用を意味します。

「四大《しだい》」というのは、すべての物質を構成する四大元素のことで、地《ち》・水《すい》・火《か》・空《くう》です。なかなかむずかしい定義ですが、私たちが何で成り立っているかを考えたときに出る一つの答えでしょう。

「五欲《ごよく》」とは世俗的な人間の欲望で、それは五種類あるといいます。色・欲・香・味、それから触りたいという欲望です。

「三毒《さんどく》」とはさとりに至る善根を積むことを害する三つの毒のことです。貪欲《とんよく》（むやみな欲望）・愚痴《ぐち》（愚かさ）・瞋恚《しんに》（怒り）の三つです。

「三悪道《さんまくどう》」とは畜生道・餓鬼道・地獄道のことです。貪欲は餓鬼道に、愚痴は畜生道に、瞋恚は地獄道に堕ちるとされています。

そこで前掲の遺誡を現代語訳すると、「五蘊や四大には、人々を苦しめる病気や煩悩は本質的には存在しないものなのです。ところが、本来そうあるべき極楽往生を求める道を進まずに、自分の欲望にまかせて五欲を住居とし、三毒を食物にしていては、極楽往生できずに三悪道に堕ちて苦しむのは当然の結果でしょう」となります。

この文章に、「しかあれば（そういうことですから）」と続けて、本項の最初に提示した「みずから一念発心《ほっしん》せずよりほかには、三世諸仏《さんぜしょぶつ》の慈悲も済《すく》うことあたわざるものなり」につながるのです。

これこそ一遍が臨終近くにあって強く遺しておきたかった言葉だったと思います。

39 臨終の準備

一代聖教《いちだいしょうぎょう》みなつきて、南無阿弥陀仏《なむあみだぶつ》になりはてぬ。

【現代語訳】 釈迦如来が一生の間に説かれた膨大な経典の力は、すべてまとめて「南無阿弥陀仏」に吸収されてしまいました。

(『一遍聖絵』第十一巻第四段)

正応二年（一二八九）八月二日、一遍は時衆（門弟たち）や一般の人たちに対して遺誡を与えました。それから八日後の八月十日、書写山円教寺《しょしゃざんえんぎょうじ》の僧侶が来たので、持っていた何冊かの経典を寄進しました。平安時代中期、性空《しょうくう》によって創建されたという円教寺は一遍にとって思い出深い寺院だったからでした。

また前年には、父河野通広《こうのみちひろ》から伝えられた浄土三部経（『阿弥陀経《あみだきょう》』『無量寿経《むりょうじゅきょう》』『観無量寿経《かんむりょうじゅきょう》』）を伊予国繁多寺《いよのくにはんたじ》に寄進しています。繁多寺は現在でも愛媛県松山市畑寺町に存在する大寺院です。浄土三部経というのは、法然が定めたもので、阿弥陀信仰を説く諸経典のなかで、もっとも大切な三つの経典です。

一遍が寄進した浄土三部経は、父の河野通広が出家して如仏《にょぶつ》という法名で京都で修行していたとき、浄土宗西山派《せいざんは》の祖証空《しょうくう》やその門弟の華台《けだい》に学んで多くの書き込みをした書物でした。一遍はこの経典を父から譲り受け、長く大切にしていました。遊行の旅にも持参しています。

『一遍聖絵』第十巻第三段に、「救われることが少なくなった人々のためにという理由で、繁多寺に寄進されました。その本の表紙の上には自筆で南無阿弥陀仏と記されました」とあります。そういえば法然も、弟子たちが清書した『選択本願念仏集《せんちゃくほんがんねんぶつしゅう》』の表紙に、「南無阿弥陀仏　往生の業《ごう》は念仏を先《せん》と為《な》す」と書き込んでいます。「南無阿弥陀仏。極楽往生するためには、念仏を称えることがもっとも大切です」という意味です。

繁多寺は平安時代後期に起こった前九年の役で名高い源頼義《みなもとのよりよし》が伊予守であったときに建立した寺です。一遍の出身である河野氏に、この頼義の息子の一人が婿養子に入っています。つまり、一遍にとって繁多寺には先祖以来の深いよしみがありました。

一遍はここで臨終の準備にかかります。

そして八月十日の朝に書写山の僧侶に経典を寄進したあと、それ以外の書籍などを焼いてしまいました。

『一遍聖絵』第十一巻に、「一遍上人はいつも、私の導きは私がこの世にいる間だけですよと仰せでした。そしてお持ちの書籍などは『阿弥陀経』を読みながら焼き捨ててしまわれました。そこで念仏の教えは跡を継ぐ人がおらず、師匠一遍上人と一緒になくなってしまうのかと、ほんとうに悲しく思いましたところ」とあります。まさにそう思ったとき、一遍は、本項で取り上げた言葉を漏らしたのです。

経典・書籍などは何も必要ない、「南無阿弥陀仏」のみ重要、それは釈迦の昔からの経典すべての教えが名号に込められたからだ、と一遍は言っているのです。むしろ「南無阿弥陀仏」以外は邪魔であったのです。

かといって経典は仏教が拠って立つ基本です。一遍の意思で焼き捨てることはできません。遊行の旅に持参していたのですから、そんなに多かったはずはありませんが、それらは寺院に寄進したのです。

そしてそれ以外の、たとえば一遍や他の人が執筆した書籍類を焼き捨ててしまったということです。一遍は自分が臨終を迎えたのちに、時衆が自分の遺品を信仰の拠りどころにすることを禁止しました。

浄土宗では専修念仏《せんじゅねんぶつ》（「南無阿弥陀仏」のみ大切。他の行は不要）、日蓮宗では専唱題目《せんしょうだいもく》（「南無妙法蓮華経」のみ大切。同前）、禅宗では只管打坐《しかんたざ》（坐禅のみ大切。同前）といいますが、師匠ゆかりの遺品を欲しがるのが人間の常です。一遍はそれを厳しく戒めたのです。

㊵ 遺産がないのが遺産である

法師《ほうし》のあとは、跡《あと》なきを跡とす。

【現代語訳】 私が死んだあとには、人が受け継ぐべき遺産は何も残しません。遺産がないのが私の遺産です。

（『一遍上人語録《いっぺんしょうにんごろく》』下巻九八）

ある人が、一遍上人に「万一のことがあったとき、跡継ぎや財産などの遺産の配分はどのようにお考えになっていますか」と尋ねたそうです。一遍の臨終も近い時期のことだったのでしょう。それに対する一遍の答えが、ここで取り上げた言葉です。

一遍は、この言葉に続けて、「世間の人の遺産といえば財宝や所領でしょう。これらは執着心の対象となります。ですから、極楽往生のためには邪魔なものです。私には財宝や所領はありません。したがって執着心は湧いてきません」と言っています。

さらに続けてつぎのように言いました。

法師《ほうし》が跡《あと》とは、一切衆生《いっさいしゅじょう》の念仏する処《ところ》これなり。

（私の遺産というのは、すべての人たちが念仏を称える場所です。）

前述のように、一遍は臨終の少し前に、経典を除いて、自分が書いた書籍その他を焼き捨ててしまいました。門弟たちは欲しがるでしょうが、一遍は名号以外の遺産を残したくなかったのです。

なお、当時の「跡《あと》」とは、家屋敷・領地などの目に見える遺産を指すのが普通でした。現代の、以前にはあったが今は何もないという意味が強い「跡」とは異なります。

㊶ だれにも知られず息を引き取る

よき武士と道者《どうしゃ》とは死するさまをあだにしらせぬ事ぞ。我、おわらんをば人しるまじきぞ。

【現代語訳】 優れた武士と仏道修行者というのは、死ぬ様子を無駄には知らせないものです。私一遍が息を引き取るのはだれもわからないでしょう。

（『一遍聖絵』第十二巻第三段）

一遍は、正応二年（一二八九）八月二十三日の朝の法要の最中、座ったまままだれにも知られずに息を引き取りました。

人々は一遍に亡くなってほしくないのです。中には、「亡くなるのなら、その時には必ず瑞相《ずいそう》があるに違いない」と思った人もいました。紫雲がたなびく・よい香りがする・花が降る、などというめでたい様子です。やはり、その瑞相によって「一遍上人は極楽往生できた」と思いたかったのです。どうしても、「念仏だけあればそれでよいのだ、それで十分だ」と思い切れない人もいたのです。

それで、「ご臨終はどのようになりそうか教えてください」と一遍に尋ねる人もいました。それに対する答えが、取り上げた言葉です。

一遍は、そんなことはわからないし、「こんなことになりそうだ」などと表明する武士や僧侶は大した者ではないと述べたのです。

そして、続けて、「私一遍が息を引き取る時間はだれもわかりませんよ、と仰ったというのを疑った人もいましたが、たしかに一遍上人が言われたとおりでした」とあります。

㊷「必ずまた極楽で会えますよ」

現世《げんぜ》の結縁《けちえん》は後生《ごしょう》のためにて候《そうら》えば、浄土の再会疑《うたがい》有《あ》るべからず候《そうろう》。

【現代語訳】この世で名号を手がかりにあなたと縁を結んだのは、次の世で極楽に往生するためですから、必ずまた極楽で会えますよ。心配いりません。

（『一遍上人語録』上巻）

来世に極楽浄土へ往生できるかどうかとても不安であったある殿上人《てんじょうびと》が、それを一遍に訴えました。本項はそれに対する答えです。

殿上人とは、朝廷で天皇の日常生活の場である清涼殿《せいりょうでん》に昇ることを許された貴族のことです。

一遍は、「あなたは名号と私に縁を結んでいます。因果《いんが》の道理により、この現世の『因』が必ず来世《らいせ》では『果』を生じます。その『果』は極楽往生です。あなたは極楽往生することが定まっているのです。この私も極楽に往生します。大丈夫ですよ。必ずまた極楽でお目にかかれますよ」と述べたのです。一遍は不安な様子の貴族をこのように慰め、また励ましています。

「べからず」という言葉は、「べし」の反対の意味を持っています。「べし」は「〜すべきである」と外からの圧力として現代語訳されることが一般的な言葉です。でも実際は「そのように思いましょう」と自分の気持・相手の気持を尊重する意味で使われることが多いのです。本項も、「不安でしょうけれど、疑わないでくださいね」と丁寧に話しかけているのです。一遍のやさしさです。

《キーワード④時　宗》

一遍のころ、その門弟は時衆《じしゅう》と呼ばれました。その理由については、一遍自身は何も書き残していませんので、推測するしかありません。いくつか出ている推測のなかでは、現在ただいまを臨終の「時」と心得て念仏を称える者たち（「衆」）という説が最も有力です。この説は、江戸時代の時宗の教学書である『神偈讃歎念仏要《しんげさんだんねんぶつよう》義鈔《ぎしょう》』に出ています。

他には、一日六「時」に念仏を称える者たち（「衆」）という説があります。仏教では、一日を晨朝（朝）・日中・日没と、初夜（宵の口）・中夜（夜中）・後夜（明け方直前）の六つの時に分けており、合せて六時といいます。この六「時」に絶え間なく念仏を称える者（「衆」）という意味で時衆というというのです。この説は、同じく江戸時代の『時宗要略譜《じしゅうようりゃくふ》』等に出ています。

時衆という名称は、個人にも集団にも使用されました。ところが、室町時代の十五世紀中期以降、集団名として「時宗《じしゅう》」が使用され始めました。京都相国寺の寮・蔭涼軒《いんりょうけん》の主人の日記の寛正六年（一四六五）十一月十九日条に、「時宗道場」と記されたのが最初です。やがて江戸時代に入り、宗派名として時宗が確定しました。

時宗には十二の分派があったとされていますが、現在では一つの教団としてまとまっています。本山は神奈川県藤沢市にある清浄光寺《しょうじょうこうじ》で、遊行寺《ゆぎょうじ》と通称されています。

生涯編

略年譜

＊年齢は数え年で表記
＊一部に異説があります

1239年（延応元）	1歳	伊予国道後《いよのくにどうご》で誕生。父は河野通広《こうのみちひろ》。幼名松寿丸《しょうじゅまる》。
1248年（宝治2）	10歳	一遍の母、没。一遍、出家。
1251年（建長3）	13歳	九州大宰府に渡り、聖達《しょうたつ》、華台《けだい》のもとで浄土宗西山義《せいざんぎ》を学ぶ。
1263年（弘長3）	25歳	一遍の父、没。一遍、帰国し、俗人の生活に入り、結婚。
1267年（文永4）	29歳	〈モンゴルの国書がもたらされる〉
1271年（文永8）	33歳	春、再出家する。信濃国《しなののくに》善光寺に参籠し、信仰の深い境地を得る。 秋、伊予国窪寺《くぼでら》に籠り、「十一不二《じゅういちふに》の頌《じゅ》」を作る。
1273年（文永10）	35歳	7月、伊予国菅生《すごう》の岩屋に参籠する。

1274年(文永11)	36歳	2月、遊行《ゆぎょう》の旅に出る。摂津国《せっつのくに》四天王寺《してんのうじ》に参籠する。そののち賦算《ふさん》(念仏の札配り)を始める。高野山金剛峯寺《こんごうぶじ》に参詣する。熊野《くまの》本宮《ほんぐう》証誠殿《しょうじょうでん》に参籠し、熊野権現の啓示を受ける。「六十万人《ろくじゅうまんにん》の頌《じゅ》」と「六字《ろくじ》無生《むしょう》の頌《じゅ》」を作る。妻子を捨てる。 〈モンゴル・高麗軍、北九州に来襲(文永の役)〉
1275年(建治元)	37歳	秋、伊予国に帰る。
1276年(建治2)	38歳	筑前国《ちくぜんのくに》のある武士を訪ねる。大隅国《おおすみのくに》正八幡宮《しょうはちまんぐう》に参籠する。
1277年(建治3)	39歳	他阿弥陀仏《たあみだぶつ》真教《しんきょう》たちが入門する。
1278年(弘安元)	40歳	夏、時衆《じしゅう》(門弟たち)とともに伊予国に帰る。 秋、安芸国《あきのくに》厳島《いつくしま》神社に参詣する。備前国《びぜんのくに》藤井の領主の家を訪ねる。備前国福岡市《ふくおかのいち》で二百八十人あまりが入門する。
1279年(弘安2)	41歳	春、京都因幡堂に泊まる。信濃国善光寺に参詣する。 年末、信濃国佐久郡伴野で踊り念仏を始める。

1280年（弘安3）	42歳	下野国《しもつけのくに》小野寺に参詣する。陸奥国《むつのくに》江刺《えさし》の祖父河野通信《こうのみちのぶ》の墓に詣でる。
1281年（弘安4）	43歳	奥州松島、平泉、常陸国を通って武蔵国に入る。 〈モンゴル（元）・高麗軍、再び来襲（弘安の役）〉
1282年（弘安5）	44歳	3月、相模国鎌倉に入ろうとして阻まれる。片瀬の浜の地蔵堂に入り、踊り念仏を行なう。人気がわき上がる。伊豆国三島神社に参詣する。 〈日蓮、没〉
1283年（弘安6）	45歳	尾張国《おわりのくに》甚目寺《じもくじ》で法要を行なう。
1284年（弘安7）	46歳	近江国関寺《おうみのくにせきでら》に参詣する。比叡山横川《よかわ》の真縁《しんねん》と面会する。 閏4月、四条京極の釈迦堂に入る。貴賤の大歓迎を受ける。 空也の遺跡市屋《いちや》の道場に入る。
1285年（弘安8）	47歳	丹後国《たんごのくに》、但馬国《たじまのくに》、伯耆国《ほうきのくに》、美作国《みまさかのくに》等をめぐる。
1286年（弘安9）	48歳	摂津国四天王寺に参詣する。住吉神社《すみよしじんじゃ》、磯長陵《しながのみささぎ》（聖徳太

		子の墓所）、大和国当麻寺《やまとのくにたいまじ》に参詣。年末、四天王寺に参詣する。播磨国印南野《はりまのくにいなみの》の教信寺《きょうしんじ》に参詣する。
1287年（弘安10）	49歳	春、播磨国書写山円教寺《しょしゃざんえんぎょうじ》に参詣する。松原《まつばら》八幡宮に参詣し「別願和讃《べつがんわさん》」を作る。備中国軽部宿《びっちゅうのくにかるべのしゅく》を経て備後国《びんごのくに》一宮、安芸国厳島神社に参詣する。
1288年（正応元）	50歳	伊予国菅生の岩屋を訪れる。繁多寺《はんたじ》に参詣し、父伝来の「浄土三部経」を奉納する。大山祇神社《おおやまづみじんじゃ》（大三島大明神）に参詣する。
1289年（正応2）	51歳	讃岐国善通寺《さぬきのくにぜんつうじ》と曼荼羅寺《まんだらじ》に参詣する。阿波国大島《あわのくにおおとり》の里で病気になる。七月、淡路島の福良《ふくら》から摂津国明石の浦に移る。兵庫観音堂に入る。 8月2日、遺誡《ゆいかい》を示す。 同月10日、所持の書籍等を焼き捨てる。 同月23日朝七時、法要中に亡くなる。

一遍の生涯

一　極楽往生を願う時代に生まれて

鎌倉時代の阿弥陀信仰

鎌倉時代には、平安時代から引き続いて阿弥陀信仰《あみだしんこう》と法華経信仰《ほけきょうしんこう》が盛んでした。『法華経』は大教団で朝廷の貴族たちにも親しい天台宗《てんだいしゅう》の根本経典であり、特に現世での繁栄を約束してくれる経典だったからです。阿弥陀信仰は日本独特の地理的状況が盛んにさせたと思われます。

阿弥陀仏の極楽浄土は西方にあるとされていました。それは西の海の水平線上、また陸上ならば西の山々の上に美しくたなびく雲を背景に、燦然と輝く夕陽が沈むその先にあると思われていたのです。その風景はいかにも華やかです。人生が終わったあとはそのような世界に生まれ変わりたいと願う人が、鎌倉時代には圧倒的に多かったのです。「極楽」という名称にも惹かれたのでしょう。すべての仏はそれぞれの名前をつけた浄土を持っていますが、「極楽」は阿弥陀仏の浄土のみを意味します。

阿弥陀信仰は、まず初めに、平安時代に朝廷の支配を藤原氏の本家（摂関家）に握られ、そこから外れて現世に希望を見出せなくなった貴族たちから強く支持されたといいます。

また、阿弥陀仏のすばらしさを述べる典型的な経典の『阿弥陀経』『無量寿経《むりょうじゅきょう》』『観無量寿経《かんむりょうじゅきょう》』はすべて、「釈迦が説く……」という言葉で始まっています。仏教を創始した釈迦が説いている教えならば間違いないというわけで、人々は安心して阿弥陀仏の極楽浄土に往生することを願ったのです。

一遍はこのような鎌倉時代の、その中期に生まれ、活躍しました。

鎌倉中期の社会

一遍は鎌倉時代の延応元年（一二三九）、豪族河野通広《こうのみちひろ》の子として伊予国道後《いよのくにどうご》で生まれました。通広は京都で浄土宗西山派《せいざんは》の修行をしたことがあります。

一遍が誕生した所は、現在の愛媛県松山市道後湯月町です。ここには現在、一遍を開祖とする時宗《じしゅう》の宝厳寺《ほうごんじ》があります。この寺院には室町時代の制作と推定される、苦悩を乗りこえようとする威厳に満ちた一遍立像が安置されていました。各地を歩き回ったことを象徴するように、力強い足も印象的でした。しかし残念なことに、この一遍立像は二〇一三年の火災で焼失しました。せめて焼け焦げでも残っていてほしいと願ったのですが、完全に燃え尽きてしまいました。

さて一遍誕生の延応元年といえば、鎌倉時代中期ともいうべき時期に入ったばかりでした。鎌倉幕府は承久《じょうきゅう》の乱《らん》（一二二一年）で後鳥羽上皇の朝廷方の軍を打ち破り、日本の政治の主導権を握っていました。当時幕府の中心は執権北条泰時《ほうじょうやすとき》でした。一遍誕生の三年後には、幕府の後押しで後嵯峨天皇が即位します。天皇は幕府に友好的で、朝廷・幕府関係は安定的な状況になりました。

一方、社会では商工業が発展し、商人たちが各地をめぐっていろいろな品物を販売することが多くなりました。加えて、従来からの遊芸を事とする人たちや修行して回る僧侶たちなど、全体として遊行民《ゆぎょうみん》と呼ばれる人々の社会的勢力が増しました。併せて貨幣経済が発展し、現物で納めるのが普通だった年貢が、貨幣でも納められるようになり、それが広まりました。為替の制度も現われました。

そしてこの鎌倉中期は、日本中がモンゴル襲来の危機におびえた時代でもあります。モンゴルは朝貢を要求する使者を何度も送ってきましたし、実際、文永十一年（一二七四）にはモンゴルと高麗《こうらい》の軍が北九州に攻め寄せてきました。それは撃退したものの、また弘安四年（一二八一）には中国大陸を征服したモンゴル（元）と高麗の軍が攻め寄せてきました。一遍の活動は、まさにモンゴル襲来の不安な社会情勢に対応しようとしたともいえるのです。

伊予国河野氏とその盛衰

河野《こうの》氏は水軍《すいぐん》を擁し、伊予国を中心にして瀬戸内海に大勢力を持っていました。水軍とは、海または湖などを船で活動する武士の集団のことです。平安時代の十世紀には藤原純友《ふじわらのすみとも》が瀬戸内海の水軍を使って朝廷に反抗しました。朝廷から見れば水軍は賊軍であるわけですから、海賊と呼んだこともあります。水軍といっても海賊といっても実態は同じです。河野水軍は強力でした。

瀬戸内海には大三島《おおみしま》に鎮座する大三島大明神がありました。現在の愛媛県今治市大三島町宮浦の大山祇神社《おおやまづみじんじゃ》のことです。この大明神を氏神とする越智《おち》氏が古代から伊予国に勢力を有していました。河野氏はその分かれで、平安中期から活動が目立ってきました。

治承四年（一一八〇）、源頼朝が伊豆国で反平家の兵を挙げたとき、河野氏の惣領通《みち》清《きよ》と息子の通信《みちのぶ》は一族を率いて頼朝に味方しました。そして、頼朝の弟義経に協力して壇ノ浦で平家を全滅させ、河野水軍の名を全国にとどろかせました。この間、通清は戦死しましたが、戦後通信は北条時政《ほうじょうときまさ》の娘と結婚して源頼朝と義兄弟になるなど、鎌倉幕府の中で有力な立場を築いていき、伊予国西半分の支配を任されるようになります。

通信には七人の男子がありました。彼らはそれぞれ幕府に仕え、あるいは京都で後鳥羽上皇に仕えていました。河野氏の全盛時代でした。その息子の一人が一遍の父通広です。

ところが前述の承久の乱において、河野氏はほとんどが後鳥羽上皇方に味方します。その結果、通信は陸奥国《むつのくに》江刺《えさし》に流されてそこで亡くなりました。現在の岩手県北上市です。男子七人も、北条時政の娘を母とする通久と出家していた通広を除く五人が死罪あるいは流罪となり、一族の領地はほとんど没収されました。

通久は鎌倉に住んでいて、幕府方と共に戦った功を認められて河野氏の惣領を継ぎました。京都で出家していた通広は戦争には加わらず、難を逃れました。のち通広は伊予国に帰り、還俗して武士としての生活に入りました。

一遍の誕生と出家

このような河野氏の悲運の中で、承久の乱の十八年後、通広の子として一遍が誕生しました。幼名は松寿丸《しょうじゅまる》といいます。兄が一人いました。通真《みちざね》といいます。後から生まれた二人の弟と合わせて四人兄弟でした。

一遍には、本来ならば誇りある河野家の武将として活躍する人生が期待されたはずです。しかし一族は没落し、父通広の領地も多くはなかったらしく、それを四人の息子たちに分け譲ることができなかったようです。豪族としての誇りを守るためには、次男以下の子どもを出家させるしかなかったのです。

一遍の伝記絵巻である『一遍聖絵《いっぺんひじりえ》』第一巻第一段に、十歳になった一遍についてつぎの記事があります。

「十歳でお母さんを亡くし、世の中はいつも同じではない、幸せな状態も終わる時がくるということを初めてさとりました。そしてとうとう、お父さんの指示に従って出家することになり、法名は随縁《ずいえん》と付けられました。」

一遍が出家したのは近くの天台宗・縁教寺《えんきょうじ》であったようです。一遍はしばらくこの寺で修行し、建長三年（一二五一）、十三歳のときにこれも父の指示によって九州大宰府に向かいました。そこには父が親しかった聖達《しょうたつ》という僧がいたのです。通広が如仏《にょぶつ》という法名で京都で修行していたときに親しかった人です。通広は我が子の教育を信頼できる友人に頼んだのです。

いつの時点かはわかりませんが、一遍の弟も出家しました。俗人として残ったのは兄の通真だけでした。

二　修行と還俗、そして再び出家

九州での修行

九州にはもう一人、如仏や聖達と親しい僧がいました。華台《けだい》といいます。同じく証《しょう》空《くう》の弟子でした。

証空は浄土宗西山派《せいざんは》の派祖となっています。彼は貴族出身、父は加賀権守親季で、治承元年（一一七七）に生まれました。十四歳で法然の門に入って専修念仏《せんじゅねんぶつ》を学びます。法然が主著の『選択本願念仏集《せんちゃくほんがんねんぶつしゅう》』を撰述するに際しては勘文《かんもん》の役を勤めました。勘文の役とは、無数の経典やその注釈書から法然の考えに沿った必要な文章を探し出す役目です。経典類に関する深い知識がなければ務まりません。

証空は、法然が亡くなった後は慈円《じえん》の門に入りました。慈円は関白九条兼実《くじょうかねざね》の弟で天台座主《てんだいざす》を四度も務めた人物です。そして慈円から京都西山《にしやま》の善峯寺《よしみねでら》を譲られて西《せい》山上人《ざんしょうにん》と呼ばれました。それで証空の系統を西山義《せいざんぎ》、あるいは浄土宗西山派と称しています。

一遍は聖達や華台に専修念仏や仏教学一般について学びました。そして法名を随縁から智真《ちしん》と改めます。

西山義は、「阿弥陀仏は、五劫《ごこう》という長い長い期間の修行と思索の果てに、念仏を称えればすべての人が救われるという道に至った。それは今からはるか十劫《じっこう》の昔のことだった。このことを理解するところに救いがある」とする、知的な特色の強い教えです。一遍はこの西山義を十三歳から二十五歳まで、聖達と華台から学びます。

故郷での還俗生活

ところが弘長三年（一二六三）、父通広が亡くなりました。その報せを受けて、一遍は故郷の伊予国に帰りました。そしてそのまま、九州には戻りませんでした。父のあとは兄の通真が継ぎ、一遍も所領を分けてもらい、還俗して結婚し、子どもも生まれました。それは女の子でした。『一遍聖絵《いっぺんひじりえ》』第一巻第二段に、「俗世間の生活をして家族をもうけ、子どもと仲よく輪鼓《りゅうご》を回す遊びなどをすることもありました」とあります。輪鼓というのは鼓の形をした小さな独楽で、紐の上で落とさないように回して遊びます。

『一遍聖絵』と並ぶ一遍研究の基本史料である『遊行上人縁起絵《ゆぎょうしょうにんえんぎえ》』の絵によると、この時の一遍は俗人の姿ではなく、頭は丸めたままで袈裟を着た僧の姿をしています。

『一遍聖絵』には、一遍がつぎのように言ったとあります。

「僧の理想と俗人の理想とは、お互いに依存し合うべきものです。俗世間の生活の中でも僧の生活を維持していけます。」

一遍は在俗生活の中に仏道を生かそうと努力していたのです。

再び出家

やがて兄通真が亡くなり、家督を一遍の弟が継ぎます。一遍は弟を支える立場となりました。ところが一族の中でその家督を奪い取ろうとする者がいて、手始めに一遍を襲って斬り殺そうとしました。しかし一遍は敵の刀を奪って応戦、無事逃げおおせました。一族の者は自殺してしまいました。『遊行上人縁起絵』には、斬り合いの様子が臨場感をもって描かれています。

一遍は人間の欲望の恐ろしさを思い知りました。助け合うべき一族が家督を奪うために自分を殺しに来て失敗し、自殺に至るというのは欲望の故です。それがはびこる世俗の世界。自分もいつかはそうなってしまうかもしれない。果ては地獄に堕ちること間違いあるまい。やはりこの世界を捨てて出家の生活に戻ろう。一遍はこのように考えて決心したのです。

『一遍聖絵』第一巻第二段に、子どもと一緒に遊んでいて、紐から落ちて回るのが止まった輪鼓《りゅうご》を見た一遍は、「輪鼓は回せば回るし、回さなければ決して回りません。私が迷いの世界を転々としてきたのも同じことです。私自身が自力の生き方を止め、阿弥陀《あみだ》の教えを受ける生活に入れば救われるでしょう」と言い、再出家に踏み切ったとあります。

善光寺に参籠

一遍が再出家したのは、文永八年（一二七一）、春近いころでした。まず九州に聖達《しょうたつ》を訪ねました。一遍の肉親と推定される聖戒《しょうかい》という若者も一緒でした。聖戒は後に『一遍聖絵』を制作した人物です。

続いて一遍たちは遠く信濃国善光寺《しなののくにぜんこうじ》に参詣しました。善光寺如来は手の指の形（印相）から判断してほんとうは阿弥陀仏ではないのですが、いつのころからか、三国伝《さんごくでん》来《らい》の阿弥陀仏とされるようになりました。三国伝来とは、インドで造られ、中国を経て日本に伝わってきたという意味です。信仰の導きも与えてくれる如来であるとして、人気も高かったのです。九州にもその信仰は広まっていましたので、一遍は自分の将来を導いてもらおうとしたのでしょう。幾夜も善光寺に参籠し、夢うつつのなかでその導きを得たといいます。

この年の秋、一遍は故郷に近い伊予国窪寺《いよのくにくぼでら》に籠りました。善光寺で得た境地を固めようとしたのです。現在の松山市窪寺字北山の地です。

その境地を一遍は「十一不二の頌《じゅういちふにのじゅ》」として示しました。これは、「阿弥陀仏の十劫《じっこう》の昔のさとりとその救いは、いまの自分が一回念仏を称えることによってその正しいことが証明される。極楽浄土もこの人間世界も、どちらにいても同じことだ。同じように阿弥陀仏の救いにあずかることができるのだ」という内容です。

さらに文永十年（一二七三）、今度は伊予国菅生《すごう》の岩屋に籠り、半年余りを過ごしました。愛媛県上浮穴郡久万高原町七鳥です。ここは観音菩薩と仙人の霊場で、弘法大《こうぼうだい》師空海《しくうかい》が修行した所ともいい、現在では真言宗《しんごんしゅう》豊山派《ぶざんは》の岩屋寺《いわやじ》があります。四国霊場四十五番の札所になっています。

またここには円筒型の高い岩山がいくつもそびえ立っています。異様な風景ともいえます。それぞれの岩山の頂上に神仏を祀る祠《ほこら》があり、修行者はハシゴで登って神仏を拝むのです。一遍はここで布教の心構えや方法について思索をこらしました。

三　捨聖の旅

遊行に出発

そののち、一遍は念仏に生きる旅に出発しました。文永十一年（一二七四）二月のことです。その時のことを、『一遍聖絵』第二巻第一段はつぎのように述べています。

「家屋敷や領地を放棄し、家族とも別れました。氏寺の建物は仏教関係者に寄進しました。ふだん持っておられた本尊や聖教は、私聖戒《しょうかい》がいただきました。自分ではわずかの重要な経典類だけを持って出ました」と。

一遍は、衣食住や家族を捨てて念仏の旅に生きよう、と決心したのです。このような旅を遊行《ゆぎょう》といいます。各地をめぐり歩く僧は平安時代半ばから多く見られるようになっていました。

彼らは聖《ひじり》あるいは聖人《しょうにん》また上人《しょうにん》とも呼ばれ、既成の教団組織に縛られず、自由に生きていました。時には森の中や険しい山に入って厳しい修行を積んで呪力を身につけようとし、里に下りては貧しい者や病人の救済に努力しました。そして遊行そのものにも宗教的重要性が見出されるようになりました。家を捨てて一生の間歩き回るのは容易なことではなかったからです。そのような聖に念仏を伝えてもらうのはとてもありがたいことではないか、ありがたみが増す、と思われたのです。

かくて遊行の聖はとても尊敬されるようになりました。一遍はやがてその代表的存在となっていったのです。

ところが興味深いことに、出発したばかりの一遍はすべてを捨てていたのではありませんでした。

『一遍聖絵』第二巻第二段に、「三人を伴って伊予国を出ました。その三人とは超《ちょう》一《いち》・超二《ちょうに》・念仏房《ねんぶつぼう》です。この三人を伴ったのはいろいろと事情があるのですが、記述が長くなるのでここでは省略します」とあります。

なんと一遍は妻子を伴って遊行の旅に出たのです。しかし一遍はそれをよいとは思っていなかったはずです。

絵には、超一はうら若い女性、超二は女の子、念仏房は荷物を入れた竹籠を背負った男が描かれています。超一は妻、超二は娘、念仏房は下人と推定されます。

四天王寺から高野山へ

一遍たちはまず摂津国難波《せっつのくになにわ》の四天王寺《してんのうじ》に向かいました。ここは釈迦が教えを説いた所と言い伝えられ、極楽浄土の東門の中心であるともされて有名でした。後白河法皇編集の『梁塵秘抄《りょうじんひしょう》』につぎの今様《いまよう》があります。今様とは当時の流行歌のことです。

極楽《ごくらく》浄土《じょうど》の東門《とうもん》は　難波《なにわ》の海にぞ対《むか》えたる
転法輪所《てんぼうりんしょ》の西門《さいもん》に　念仏する人参《まい》れとて

（極楽浄土の東門は、難波の海に向かっています。そこはすなわち釈迦が教えを説かれた四天王寺の西門で、念仏を称える人はこの門に集まりなさいと言っているようです。）

一遍は四天王寺に参籠し、僧が守るべき十種類の戒律を釈迦の前で誓ったといいます。その上で人々に念仏を勧めることを開始しました。『一遍聖絵』第二巻第三段に、「一回称えれば世界中に広がる念仏を勧めつつ、人々を救い始められました」とあります。

いよいよ、四天王寺から布教を開始したのです。それは念仏を印刷した小さな紙である念仏札を会う人ごとに手渡す方法でした。これを「賦算《ふさん》」といいます。「賦」は「配る」、「算」は「数える」という意味です。一遍はこの念仏札を何枚配ったか、数えていたのです。それによってどのくらいの布教成果があったか冷静に判断していたものと思われます。また念仏札を刷る木の版木も持ち歩いていました。

続いて、一遍は四天王寺から南下して高野山に至りました。ここは弘法大師の遺跡でした。大師はこの山に名号を刷る版木を納め、どうしても救われなかった人々の本尊としたそうです。一遍は高野山と縁を結びたかったのです。

熊野本宮に参籠

文永十一年（一二七四）夏、一遍は熊野《くまの》へ参詣しました。新宮《しんぐう》から本宮《ほんぐう》への山道で一人の僧に出会いましたので、いつものように「一回称えれば極楽へ往生できると信じて念仏を称え、この札を受け取ってください」と勧めました。

するとその僧は、「いや、信ずる気持が起きないのでお断りします。受け取ったら嘘をついたことになります。妄語戒《もうごかい》（嘘をつくなという戒律）に反します」と言います。この僧は戒律に厳しい律宗《りっしゅう》でした。困った一遍は「ともかくも」と、無理に念仏札を押し付けてしまいました。

一遍は大きな衝撃を受けました。念仏札を受け取らない人は極楽へ往生できないことになる。私はその人を救えないのか。悩んだ一遍は熊野本宮証誠殿《しょうじょうでん》に籠り、熊野《くまの》権現《ごんげん》に教えを乞います。この神はもともとは阿弥陀仏であるとされていました。一遍の願いに応じて出現した権現は、つぎのように述べました。

「あなたが念仏を勧めることによってすべての人々が極楽に往生するということではない。阿弥陀仏がはるか十劫《じっこう》の昔に正しいさとりを得たときに、すべての人は『南無阿弥陀仏』と称えるだけで極楽往生できると決まったのだ。人が念仏を信じるかどうかは無関係、浄不浄も無関係だ。すべての人に念仏札を配って名号に縁を結ばせなさい」（『一遍聖絵』第三巻第一段）と。

「南無阿弥陀仏」の名号にすべての人を救う力のあることが示されたのです。

妻子を捨てる

一遍はこうして布教方法についての迷いを解決することができました。また自分自身の信仰の境地をさらに深め得たと、『一遍聖絵』第三巻第一段につぎのようにあります。

「熊野権現のお告げをいただいてから、いっそう阿弥陀仏他力本願の深い意味を理解できました。」

そして一遍はこの境地を二つの頌《じゅ》に表わしました。それが「六十万人《ろくじゅうまんにん》の頌《じゅ》」と「六《ろく》字無生《じむしょう》の頌《じゅ》」です。「六十万人の頌」とは、南無阿弥陀仏と称えればすべての苦しみの世界から離れることができる、念仏を称える人は泥沼に咲く蓮の花のような美しい存在だという教えを示した漢詩です。「六字無生の頌」は、南無阿弥陀仏という六字名号のなかにこそ救いの世界があることを示した漢詩です。

ところがこの後、『一遍聖絵』第三巻第二段に、「いまではいろいろと考えて妻・

娘・下人を追い払い、捨ててしまいました」とあります。

考えてみれば、すべてを捨てて念仏の旅に生きるといいながら、妻子や下人を連れての遊行はおかしいのです。むろん、一遍はそのことは十分にわかっていたはずです。しかしおそらくは、別れたくないと妻に懇願されて熊野まで連れてきていたのでしょう。妻とともに娘も連れてきました。そして少しでも楽に旅をさせるため、妻子の荷物を持たせる下人も必要と判断したのでしょう。

しかし、やはり念仏のみに生きる遊行に徹しようと決心したと思われます。ここに一遍は、完全に「捨聖《すてひじり》」と呼ばれる放浪の念仏僧となりました。

四　時衆とともに

西国遊行と門弟の入門

この後、一遍は京都へ出、翌建治元年（一二七五）には伊予国に戻りました。そして伊予国を出て中国地方へ行き、翌年にはまた伊予国に帰るという、何か故郷に事情があるのではないかと思わせる行動を取っています。

そしてその建治二年、筑前国《ちくぜんのくに》（福岡県）のある武士の館を訪れました。館の主人は念仏僧が来たと聞くと、宴会の最中で酔っていたにもかかわらず手を洗って口をすすぎ、庭に下りて一遍の念仏札をうやうやしく受けました。

しかし一遍が去ると、主人は「なんだあの僧は。汚い恰好をして。日本一、気がおかしいのじゃないか」と罵りました。宴会の客が「それではどうしてその僧から身を正して念仏札を受け取ったのですか」と尋ねると、主人は「念仏そのものには気がおかしいなどということはありませんからね」と答えたそうです。

このことを後で聞いた一遍は、「他の人は皆、念仏を勧める人の様子で念仏札を受けるかどうかを決めます。でもあの人は頼るべきは念仏であって人ではないと知っており、極楽往生の基本にかなっています。ありがたいことですと、何度もおほめになりました」ということです（『一遍聖絵』第四巻第一段）。

一遍はさらに大隅国《おおすみのくに》（鹿児島県）から豊後国《ぶんごのくに》（大分県）に至りました。そこで真教《しんきょう》はじめ数人の者が入門してきました。聖戒以外の最初の門弟たちです。この後、一遍は彼らと遊行を続けることになりました。真教は一遍より一歳年上ですが、一遍没後その後継者となった人物です。なお、一遍の門弟は時衆《じしゅう》と呼ばれました。時衆という名称の由来はいくつか説がありますが、現在ただいまを「臨終の時」と心得て真剣に念仏を称える人々（衆）という説が有力です。真教が入門したころからの言葉です。

瀬戸内海から東国へ

弘安元年（一二七八）夏、四十歳の一遍は時衆七、八人と一緒に伊予国に戻りました。秋には安芸国《あきのくに》の厳島神社《いつくしまじんじゃ》に参詣しました。冬には備前国《びぜんのくに》（岡山県）藤井の領主の役所で念仏を勧めました。その役所の建物は吉備津宮《きびつのみや》の神主の息子の所有でした。ところがその神主の息子の妻が一遍の教えに感動し、急に出家してしまいました。帰宅した夫は出家姿の妻を見てびっくりし、たいへん怒って、役所を出た一遍の後を追いかけました。そして近くの福岡市《ふくおかのいち》で一遍を発見し、斬り殺そうと大太刀をかまえて近づきました。福岡市は現在の岡山県瀬戸内市内にあり、とても栄えていた市でした。一遍は、それ以前に彼を見たこともなかったのに、「汝は吉備津宮の神主の息子か」と尋ねたそうです。するとつぎのような状況になりました。

『一遍聖絵』第四巻第三段に、「神主の息子はあっという間に怒りが収まり、殺意がなくなって恐怖のあまり身の毛が逆立つように感じました。そしてすぐさま髻《もとどり》を切り、一遍に頼んで出家させてもらいました」とあります。一遍は厳然たる迫力を備えた遊行僧《ゆぎょうそう》になっていたことがわかります。

この後、一遍は京都へ行って因幡堂《いなばどう》の縁側で夜を過ごしていました。そうしているうちに、本尊のお告げがあったからと、寺僧が中へ入れてくれました。そろそろ、一遍は社会に受け入れられてきた気配です。

しばらく因幡堂に滞在した後、また信濃国《しなののくに》の善光寺参詣に向かいました。つぎには、南下して同国佐久郡《さくぐん》で年末の念仏の会を開いていたところ、踊り念仏が始まりました。

踊り念仏の開始

踊り念仏とは、念仏を称えながら手を振り足をあげて踊り回ることです。踊躍念仏《ゆやくねんぶつ》という場合もあります。静かな舞いではなく、跳ね回り飛び回る姿です。一遍といえば踊り念仏、踊り念仏といえば一遍、などとして知られていますし、高等学校の日本史の教科書にも出ているほどです。

『一遍聖絵』や『遊行上人縁起絵』によれば、踊り念仏は平安時代の念仏僧である空也《くうや》が京都の市屋《いちや》や四条《しじょう》の辻《つじ》で開始したとあります。あまり広まらなかったのですが、一遍によって再び始められたということです。このあたりの事実関係については確認できません。

『一遍聖絵』第四巻第五段に、「念仏の行者が深く念仏を信じていることを踊り回る姿で表わし、阿弥陀仏にお礼をするために金磬《きんけい》を叩き、その大きな音で長く迷いの世界で眠っている人たちを目覚めさせ、多数の迷い人を念仏に縁を結ぶように勧めるのです」とあります。

金磬は、銅または銅合金の平たい円盤状の金属板を撞木《しゅもく》や桴《ばち》で打って音を出します。単にカネ（鉦）ともいいます。カンカンという甲高い音とともに踊り狂ったのです。

興味深いことに、熊野で捨てたはずの妻の超一と荷物持ちの念仏房も、一緒に踊り回っています。一遍を慕って、いつのまにか遊行に加わっていたのです。

一遍が開始した踊り念仏は、時衆（門弟たち）が各地へ布教を展開するとともに広まっていきました。それからおよそ三百年後の安土桃山時代には、出雲《いずも》の阿国《おくに》が踊り念仏をもとにした念仏踊りを始めて人気を博しました。

奥州へ

弘安三年（一二八〇）、一遍と時衆の一行は下野国《しもつけのくに》小野寺《おのでら》から白河の関を通って奥州江刺《えさし》に至りました。ここは、かつて祖父の河野通信《こうのみちのぶ》が流された地です。通信は承久《じょうきゅう》の乱《らん》で後鳥羽上皇方に味方して幕府と戦い、負けて死罪に決まりました。それを幕府側に立って奮戦した息子通久《みちひさ》の嘆願のおかげで許され、江刺に流されましたが翌年に亡くなりました。一遍が生まれる十七年も前のことでした。

通信のために、鎌倉時代の武士の慣例に従って、大きな土饅頭《どまんじゅう》型の墓が造られました。『一遍聖絵』第五巻第三段に、一遍が時衆二十人余りと追善供養をしている様子がつぎのように描かれています。

「墓に生えていたイバラ等の雑木を取り払って恩のある祖父への追善供養を行ない、墓の周囲をめぐりつつ経典を転経《てんきょう》し、念仏を称えて極楽往生のための功徳を積みました」と。経典の題名や経典の初・中・終の数行を読むことを転経とか転読といいますが、全体を読むのと同様の功徳があるといわれています。

もう数十年前になりますが、『一遍聖絵』に描かれた絵を参考にして、以前から聖《ひじり》塚《づか》と呼ばれてきた土饅頭が通信の墓所として認められました（岩手県指定史跡）。それは四角な段の上に丸く土を盛り上げた二段作りの墓所で、表面を平らな石で覆い、堀をめぐらしています。岩手県北上市稲瀬町水越の畑地から林へ入ったあたりです。

鎌倉入りの決心

弘安五年（一二八二）、時衆を引き連れた一遍は武士の都鎌倉に入ろうとしました。鎌倉時代、京都・奈良内外で意を得なかった僧や弾圧された僧が鎌倉に向かうことが多くなっていました。何といっても武士は時代を切り開く先頭に立っています。伝統に固められた保守的な京都・奈良よりも、新しい思想・信仰を受け入れてくれる可能性があります。一遍は、出発から八年も過ぎているのに、必ずしも人気が盛り上がらない自らの念仏布教を、この鎌倉に入ることに賭けてみようと考えました。

『一遍聖絵』第五巻第五段に、「鎌倉入りの様子でこれからも布教を続けるかどうか決めたいと思います。もし成果があがらなければ布教はこれで最後と思ってください」と時衆に話して、三月一日に小袋坂《こぶくろざか》から鎌倉に入りました」とあります。

鎌倉は三方が山に囲まれ、南方のみ海に開けた要害の地です。その鎌倉に入るために山を切り開いた「切通し」が七か所あります。その一つが「小袋坂の切通し」で、この切通しの前には山内荘《やまのうちしょう》と呼ぶ広大で豊かな荘園があります。北条氏本家の領地であり、軍事拠点でした。

一遍の念仏が広がり始める

鎌倉は狭い地域でもあり、警戒がとても厳重でした。さまざまな僧が勝手に入って布教することは難しい状況でした。

一遍と数十人の時衆が小袋坂の切通しを通って鎌倉の町に入る木戸を通ったとたん、武士の一行と鉢合わせになりました。それは幕府の執権北条時宗《ほうじょうときむね》の一行でした。当然、警護の武士は「入るな」と止めます。でも一遍は無理に通ろうとします。

武士は下役の者に時衆を棒で叩かせ、「執権様の前で騒ぎを起こしてよいと思うのか。有名になりたいのだろう」ととがめます。一遍は「いや、私は念仏を広めたいと思うだけです。なぜとがめるのです。あなただっていつか冥途《めいど》に行くときには、この念仏に助けてもらわなければならないのに」と答えると、返事はなくて棒で二回叩かれました。でも一遍は痛がる様子もなく、どんな人でも救おうというのが私の生き方だから、こんなことでも武士に念仏と縁を結ばせることができたと喜びます。そして、「念仏を勧めることを私は命としている。それなのにこのように警戒されるなら、行くところもない、ここで死んでしまおう」と強く言いました。

　すると風向きが変わりました。武士は一遍に同情的になり、「鎌倉の外ならば念仏を勧めてもよい」と言います。当時、鎌倉の街の外は幕府の管轄外で、支配権はありませんでした。ですから、木戸の外ならその武士が取り締まる権利はなく、一遍たちは自由だったのです。それで一遍たちは木戸を出て、山道の適当な道端で念仏を称えていると、死をも恐れぬ念仏布教者がいると評判になり、鎌倉中の人々が集まって来て一遍の念仏の勧めを受け入れたそうです。

　やっとその時が来て一遍の念仏が広まった、と『一遍聖絵』では述べています。

東海道から京都へ

　その後、一遍は東海道を西に向かいました。すると一遍の噂を聞いた人々が集まってきました。上総国《かずさのくに》の生阿弥陀仏《しょうあみだぶつ》、武蔵国《むさしのくに》のあじさかの入道、尾張国《おわりのくに》の二宮入道などが知られています。また伊豆国三島や尾張国甚目寺《じもくじ》、近江国草津《おうみのくにくさつ》、同じく関寺《せきでら》などでも多くの人々との交流がありました。

弘安七年（一二八四）閏《うるう》四月十六日、一遍と時衆は四条京極《しじょうきょうごく》の釈迦堂に入りました。京都には何度か来ていますが、いままではあまり大事にされていませんでした。ところが、今度は違いました。『一遍聖絵』第七巻第二段には、一遍が釈迦堂に一週間滞在していたときのことを「身分の高い人も低い人も大勢が詰めかけて、だれもうしろを見ることができないほどで、牛車《ぎっしゃ》は向きを変えてもとの道へ戻ることもできませんでした」と記しています。

このような大変な混雑のなかで、一遍は時衆の一人の肩車に乗って念仏札を配っています。あいかわらず厳しい顔つきで一枚一枚、群衆に手渡しています。

臨済宗の栄西《えいさい》らと同様、京都では意を得なかった一遍です。でも栄西と同じように鎌倉で成功して京都へ凱旋することができました。一遍はこの年四十六歳です。

一遍は、釈迦堂から因幡堂《いなばどう》、雲居寺《うんごじ》、六波羅蜜寺《ろくはらみつじ》、空也の遺跡市屋《いちや》の道場と歓迎されつつ移動しました。さらに京都郊外の桂《かつら》も訪ねました。

加古の教信と書写山の性空

弘安八年（一二八五）には丹後国の久美浜《くみはま》へ、続いて美作国《みまさかのくに》（岡山県）一宮《いちのみや》に参詣、翌年には難波の四天王寺から住吉神社に参詣しました。

年末にはまた四天王寺に参詣して年末の法要を勤め、尼崎を経て播磨国《はりまのくに》印南野《いなみの》の教《きょう》信寺《しんじ》に至りました。現在の兵庫県加古川市野口町にある寺で、平安時代の念仏僧 教《きょう》信《しん》が開きました。彼は妻子を抱える身で、ひたすら念仏を称えて往生したといいます。

浄土真宗の親鸞も教信を先達として尊敬していました。親鸞の曾孫覚如《かくにょ》の『改邪《がいじゃ》抄《しょう》』に、親鸞は常に、「私は賀古《かこ》（加古）の教信のように生きることになっている」と言っていたとあります。親鸞も妻子を持って念仏に生きていました。

弘安十年（一二八七）の春、一遍は書写山《しょしゃざん》の円教寺《えんぎょうじ》に参詣しました。兵庫県姫路市郊外です。円教寺は平安時代に『法華経』の行者である性空《しょうくう》が開いた寺です。天皇や貴族をはじめ、多くの人々が参詣しています。自分の「本性」を「空しく」して『法華経』のみに生きる性空は、すべてを捨てこころを空しくして念仏を称えようという一遍の憧れでした。性空という名前と生き方に感動したのです。

『一遍聖絵』第九巻第四段に、一遍は、「全国遊行の中で特に参詣したかったのはこの書写山です」と述べたとあります。

男女の時衆

東海道を西に向かっていたころ、一遍と行動をともにした時衆は数十人もいました。その時衆は、毎日歩き回るわけですから、野宿も多かったでしょうし、食事もろくにないこともあったでしょう。

『一遍聖絵』第六巻第四段に、尾張国甚目寺《おわりのくにじもくじ》で七日間の法要を行なったときのことがつぎのように述べられています。「食料がなくなり、寺の僧が困り果てた気配でした。そこで、一遍上人は、断食で仏道に生きる命がなくなることはありませんから、七日間の法要は必ず果たしますと言われました」と。なまじな決心では遊行はできなかったでしょう。

また、いくら捨聖の集団といっても衣や帯、念珠、食事の時の箸、歩き回るための下駄（足駄）などは必要です。一遍はそれらを十二種類とし、十二道具と呼びました。それぞれを阿弥陀仏の十二の徳目になぞらえて仏教的な意味づけをしました。たとえば帯ならば、「阿弥陀仏の智恵の光が念仏行者の身を取り巻いて照らします。その意味は、うれしさをくださる阿弥陀仏の徳が込められているということです」となります。遊行中はこの十二道具を「十二光箱《じゅうにこうばこ》」という箱型の笈《おい》に入れ、時衆が担いで歩きました。

時衆には男女がいました。そこに問題が発生しては困ります。それで休憩・睡眠の時などは両者の間にこの笈を並べて分けたのです。

五　旅の空での臨終

故郷に帰る

一遍の一行は書写山《しょしゃざん》から備中国軽部宿《びっちゅうのくにかるべのしゅく》へ行き、備後国一宮《びんごのくにいちのみや》から安芸国厳島へ渡りました。備後国一宮は、広島県福山市新市町宮内にある吉備津神社のことです。

正応元年（一二八八）、一遍は伊予国に入りました。十二年ぶりの故郷です。ここでは、かつて修行した菅生《すごう》の岩屋に行き、繁多寺《はんたじ》にも参籠しました。一遍の先祖河野親《こうのちか》清《きよ》の父である源頼義が開いた寺です（親清は河野家への婿養子です）。頼義は奥州の前九年の役で有名ですが、伊予守だったことがあるのです。

一遍はここに「浄土三部経」を寄進しました。父河野通広《みちひろ》が所持していた形見の品で、遊行に持参していました。それを寄進したのです。そろそろ遊行は限界かと自覚し始めた気配です。年末には大三島神社《おおみしまじんじゃ》に参詣し、大いに歓迎されました。

翌年の正応二年（一二八九）、一遍は五十一歳になりました。最後の年です。彼は讃岐《さぬきの》国《くに》に渡り、善通寺《ぜんつうじ》や曼荼羅寺《まんだらじ》に参詣しました。善通寺は香川県善通寺市善通寺町にあり、曼荼羅寺は同市吉原町にあります。

続いて阿波国《あわのくに》に渡りました。『一遍聖絵』第十一巻第一段によれば、一遍は「皆との縁は薄くなってしまいました。だれも私の教えや戒めを受け入れようとはしません。私の人生の残りもあまりなく、まもなく死にます」と言ったとあります。

一遍はその年の六月一日から病気になり、時衆は心細くなりました。しかし遊行は続け、七月には阿波国から淡路島に移り、福良《ふくら》の港へ行き、淡路国二宮（大和大国魂神社）と志筑《しづき》の北野天神（志筑神社）に参詣しました。

一遍の遺誡

やがて一遍は明石浦《あかしのうら》に渡りました。兵庫県明石市です。ここで臨終することになろうかと思っていたのですが、兵庫の島から舟で迎えが来ました。そこで、どこであっても人々のためになればと、迎えに応じ、その島の観音堂に入りました。いまその辺りは埋め立てられ、時宗《じしゅう》の真光寺《しんこうじ》（神戸市）がその後身として建っています。

八月二日、一遍は時衆や俗人の弟子を集め、遺誡《ゆいかい》（遺言）を述べました。聖戒《しょうかい》がそれを筆記しました。清書して聖戒が読み上げた後、一遍はつぎのように誡めたのです。

「私が息を引き取った後、私を追って海に身を投げる者もいるでしょう。念仏への気持が定まっているなら問題ないのですが、現世への執着心が残っているなら身を投げてはいけません。極楽往生はできません」と。

そして、せっかく人間として生まれ、安心を定める絶好の機会なのにもったいないと涙したとあります。でも実際には、一遍臨終の後、別れるのが悲しいと数人が海に身を投げてしまいました。

八月十日には持っていた経典をお見舞いに来ていた書写山《しょしゃざん》の僧に渡しました。そして残った書籍等を全部焼いてしまいました。時衆が一遍ゆかりの品々に執着しないように、そして念仏のみに生きるようにとの心配りだったのです。

一遍の臨終

二十一日には時衆の踊り念仏が行なわれました。終わって一遍は頭北面西《ずほくめんさい》で横になって念仏を称え、周囲を時衆に取り巻かせました。すると俗人も含めて「すわ、ご臨終か」と大騒ぎになって駆け寄ってきたのです。一遍は、「いま臨終するのではありませんよ。皆をどけてください」と言ったといいます。緊迫した場面ながら、何か笑える話です。

しかし一遍は、八月二十三日の朝、法要の最中にひっそり、禅定《ぜんじょう》に入るように亡くなりました。それまで三日に一回身を清めていたのに、二十日からは毎日でしたので、そろそろ臨終かと周囲には思われていました。享年五十一でした。

一遍は観音堂の前で荼毘に付されました。『一遍聖絵』第十二巻や『遊行上人縁起絵』第五巻の絵を見ますと、そこには一遍の廟堂が建てられ、中には等身大の一遍の立像が安置されています。しっかりと前を見つめて遊行する、合掌した姿です。廟堂に向かって左には、大きな五輪塔が建てられています。
一遍立像も五輪塔も、一遍没後まもなく造られたようです。

一遍をしのぶよすが

この観音堂は一遍が亡くなった地として時衆の聖地となり、寺の名は真光寺と改められました。一遍立像は真光寺の本尊とされていましたが、第二次大戦の神戸空襲で寺もろとも灰燼に帰してしまいました。寺は復興しましたが、一遍立像は出版物に掲載されていた写真でありし日をしのぶばかりとなってしまいました。

五輪塔は今もあります。高さ一・九五メートルという大きなものです。この五輪塔は十六世紀末に京阪神地方を襲った慶長の大地震で倒壊しましたが、復興されました。ところが四百年後の平成七年一月十七日の阪神淡路大震災によって、再び倒壊しました。その時、五輪塔の下から二段目の水輪《すいりん》にうがたれた穴の中から、小さな骨壺が二つ出現ました。その一つに、米粒のようなきれいな骨片が数粒入っていました。これこそ一遍の遺骨ではないかと問題になりました。現在、この遺骨は復興された五輪塔の中でまた眠りについています。

さらに、神奈川県相模原市当麻の無量光寺にも、像高一五九・二センチ、南北朝時代造立と推定される一遍立像が安置されています。江戸時代に、顔を彫り直した気配があります。

一遍没後十年目に、聖戒《しょうかい》が『一遍聖絵』全十二巻（国宝）を制作しました。一遍研究の基本史料です。また、『一遍聖絵』制作から徳治二年（一三〇七）の間に制作されたのが『遊行上人縁起絵』全十巻です。正確には、前四巻が一遍の伝記、後六巻が他阿弥陀仏真教《たあみだぶつしんきょう》の伝記で、作者は『一遍聖絵』を参照して作っています。原本は残っていません。さらに江戸時代に入ったあたりで『一遍上人年譜略』が書かれました。またこれらを総合し、他の資料も集めて一遍の言葉として江戸時代に出版されたのが『一遍上人語録』上下二巻です。

参考・引用文献

柳宗悦著『南無阿弥陀仏・一遍上人』春秋社、一九六〇年
『一遍聖絵』日本絵巻物全集、角川書店、一九六〇年
『遊行上人縁起絵』日本絵巻物全集、角川書店、一九六八年
大橋俊雄編著『法然　一遍』日本思想大系、岩波書店、一九七一年
橘俊道著『現代語訳　一遍ひじり絵』山喜房仏書林、一九七八年
今井雅晴著『時宗成立史の研究』吉川弘文館、一九八一年
大橋俊雄校注『一遍上人語録—付・播州法語集』岩波文庫、一九八五年
今井雅晴編『一遍辞典』東京堂出版、一九八九年
梅谷繁樹著『捨聖・一遍上人』講談社現代新書、一九九五年
長島尚道著『絵で見る一遍上人伝』ありな書房、一九九六年
今井雅晴著『捨聖　一遍』歴史文化ライブラリー、吉川弘文館、一九九九年
今井雅晴著『一遍と中世の時衆』大蔵出版、二〇〇〇年
大橋俊雄校注『一遍聖絵』岩波文庫、二〇〇〇年
砂川博編『一遍聖絵の総合的研究』岩田書院、二〇〇二年
今井雅晴編『遊行の捨聖　一遍』日本の名僧、吉川弘文館、二〇〇四年

今井雅晴（いまい・まさはる）
1942年、東京都生まれ。1977年、東京教育大学大学院博士課程修了。茨城大学教授、筑波大学歴史・人類学系教授を経て、現在は筑波大学名誉教授。文学博士。
主な著書に『時宗成立史の研究』『中世社会と時宗の研究』『遊行の捨聖　一遍』（吉川弘文館）、『一遍辞典』（東京堂出版）、『一遍—放浪する時衆の祖』（三省堂）などがある。

日本人のこころの言葉
一　遍

2014年10月20日　第1版第1刷発行

著　者　今　井　雅　晴
発行者　矢　部　敬　一
発行所　株式会社　創　元　社
〒541-0047　大阪市中央区淡路町4—3—6
TEL　06-6231-9010（代）
FAX　06-6233-3111
URL　http://www.sogensha.co.jp
東京支店　〒162-0825　東京都新宿区神楽坂4—3　煉瓦塔ビル
TEL　03-3269-1051
印刷所　藤原印刷株式会社

乱丁・落丁の場合はおとりかえいたします。　検印廃止

ISBN978-4-422-80067-7　C0381